名人传记　社会主义　世界

Wilhelm Bracke:
A
Biography

威廉·白拉克传

〔德〕尤塔·赛德尔　著

李成毅　赵其昌　译

中央编译出版社
Central Compilation & Translation Press

图书在版编目（CIP）数据

威廉·白拉克传 /（德）尤塔·赛德尔著；李成毅，
赵其昌译 .-- 北京：中央编译出版社，2023.4

ISBN 978-7-5117-4263-6

Ⅰ.①威… Ⅱ.①尤… ②李… ③赵… Ⅲ.①白拉克
（Bracke, Wilhelm 1842-1880）- 传记 Ⅳ.① D751.6

中国版本图书馆 CIP 数据核字（2022）第 165594 号

威廉·白拉克传

统筹策划	张远航	
责任编辑	汪 婷	
责任印制	刘 慧	
出版发行	中央编译出版社	
地 址	北京市海淀区北四环西路 69 号（100080）	
电 话	（010）55627391（总编室）	（010）55625176（编辑室）
	（010）55627320（发行部）	（010）55627377（新技术部）
经 销	全国新华书店	
印 刷	北京文昌阁彩色印刷有限责任公司	
开 本	880 毫米 × 1230 毫米 1/32	
字 数	137 千字	
印 张	7.75	
版 次	2023 年 4 月第 1 版	
印 次	2023 年 4 月第 1 次印刷	
定 价	70.00 元	

新浪微博：@ 中央编译出版社 微信：中央编译出版社（ID：cctphome）
淘宝店铺：中央编译出版社直销店（http：//shop108367160.taobao.com）
（010）55627331

本社常年法律顾问：北京市吴栾赵阎律师事务所律师 闫军 梁勤
凡有印装质量问题，本社负责调换。电话：（010）55626985

前　言

卡尔·马克思和弗里德里希·恩格斯，奥古斯特·倍倍尔和威廉·李卜克内西——每当人们谈起19世纪的德国工人运动，总是首先提到他们。德国社会民主党的建立和该党在马克思主义基础上发展成为领导德国和无产阶级进行革命斗争的政党的过程是同这些名字分不开的。

无数的战士——知名的和不知名的——站在他们一边，为争取工人阶级的解放而奋斗。同他们并肩战斗的还有威廉·白拉克，他是马克思和恩格斯在德国工人运动中最亲密的、最可信赖的朋友，是倍倍尔和李卜克内西最卓越的战友。他并不那么知名，尽管他的作用对马克思主义工人运动的发展具有重大意义。

白拉克的作用同德国和国际工人运动史上三起重大事件关系特别密切：首先，是同1869年社会民主工党在爱森纳赫的成立的关系，除倍倍尔和李卜克内西外，白拉克

积极参与了建党。其次，是同马克思著名的《对德国工人党纲领的几点意见》的关系，马克思于 1875 年 5 月把几点意见连同一封十分有趣的附信寄给了威廉·白拉克，并让他转交给社会民主党的其他领导人。白拉克之所以在国际工人运动和在马克思主义研究中引人注目，主要应归因于这一事件。第三件事是，白拉克在关于俾斯麦炮制的反社会党人法的辩论中，向德意志帝国国会反动议员们当面说出了一句历史名言："先生们，我愿意告诉你们，我们对整个法令不予理会！"从而以一种相当有力的方式表明了革命的德国社会民主党对这一可耻的法令所持的立场。

对这个人的认识事实上就只限于此；这个人和其他几个人在德国社会民主党成立以后的年代里共同塑造了年轻的党的精神面貌和革命实践。产生这种情况的原因之一是，有关威廉·白拉克的著述一则内容有限，再则传播很少。①

亨利希·莱奥纳德以一篇论述白拉克的生平与事业的成功作品，对评价这位杰出的工人领袖进行了初次尝试。这篇作品于 1930 年白拉克逝世五十周年之际在他的故乡

---

① 见著作目录。

不伦瑞克问世。今天，只有在少数图书馆里才能看到这本纪念著作。在过去的十年中，主要由于不伦瑞克社会民主党历史学家格奥尔格·埃克尔特发表的有趣的资料和一系列有关白拉克生平与斗争的论文，引起了人们对白拉克在德国工人运动中，特别是在不伦瑞克——他家乡地区内活动的注意。

　　然而，直至前不久，我们共和国的马克思主义历史学家对威廉·白拉克的政治实践活动及其理论贡献并未给予多少重视，因此，许多人对德国社会民主党这一著名领袖人物一无所知也就不足为奇了。无疑，这是有其原因的，一方面，马克思主义的历史研究首先集中在德国工人运动一定的重大发展阶段上；另一方面，威廉·白拉克的影响也远不及他的知名同志和朋友威廉·李卜克内西，特别是奥古斯特·倍倍尔，他们在几十年的时间里，一直是德国社会民主党的杰出领导人，相反，白拉克却由于过早逝世，在反社会党人法颁布之初就离开了他们。然而，1963年由海因里希·格姆科夫编辑出版的《马克思恩格斯和白拉克通信集》却弥补了这一明显的不足，使广大读者第一次对威廉·白拉克有了较详细的认识。迄今为止，还没有出过一部较大的传记性评论，能够把白拉克的一生，这个

可亲可爱的人,这个献身工人阶级事业的不倦战士呈现在我们面前。本书即是在这方面进行的一次尝试。[①]

威廉·白拉克很早就踏上了社会舞台。他最初抱有1848年资产阶级民主派的理想。19世纪60年代,白拉克受拉萨尔著作的影响,成了全德工人联合会会员,以后在马克思《资本论》的不断影响下,在国际工人协会的活动和德国阶级斗争的影响下,坚定不移地走上了马克思主义的道路。

白拉克的发展过程清楚地表明了马克思主义和工人运动之间的相互关系以及马克思主义深入德国革命工人运动的经过。白拉克的生活道路令人信服地驳斥了资产阶级的和右翼社会党人的历史学家那种所谓马克思主义对德国社会民主党的发展没有或者只有很少影响的奇谈怪论。白拉克思想上和政治上的发展恰恰反映了科学共产主义对年轻的社会民主工党最杰出的领袖人物所产生的巨大吸引力,反映了马克思主义同革命工人运动的融合。

---

① 本传记的素材是作者1962年关于威廉·白拉克的答辩论文,论文的重点主要是研究白拉克从拉萨尔分子到马克思主义者的理论发展道路。见尤塔·赛德尔《威廉·白拉克——从拉萨尔分子到马克思主义者〔1865—1880〕》(哲学论文,1962年于莱比锡)。

马克思主义对提高德国社会民主党的觉悟以及该党的政治实践所给予的与日俱增的影响是同坚持反对拉萨尔主义的斗争联系在一起的。这场思想意识和政治上激烈辩论的结果表现在十二年反社会党人法期间马克思主义的成就上。

因此，白拉克从拉萨尔分子到马克思主义者的发展道路反映了整个一种历史倾向。白拉克比整个党更快地完成了向马克思主义立场的转变，从而能亲自作为马克思主义的积极捍卫者对马克思主义在德国工人党内的贯彻和传播作出卓越的贡献。他的巨大功绩，他的历史作用（这种作用远远超出他直接活动的不伦瑞克地区）就在于此。

威廉·白拉克的政治贡献，为了无产阶级解放的自我牺牲气概以及为了反对反动的普鲁士－德意志军人国家、争取民主与社会主义而进行的至死不渝、充满献身精神的英勇斗争，使他的一生成为所有同他一样把共产主义视为人类社会最崇高、最值得追求的目标的人的榜样。

目　录

"我不求万贯家财"

威廉·白拉克于 1842 年 5 月 29 日出生在不伦瑞克。可以肯定，谁也未曾预料到，威廉·白拉克有朝一日会成为德国社会民主党的一位著名领袖。因为这种想法在他家庭的生活气氛和思想气质中根本就没有基础。[①]

祖父是不伦瑞克近郊大登克特的磨坊主。父亲安德烈亚斯·白拉克也成了磨坊主，1856 年在不伦瑞克开设了一爿大名鼎鼎的面粉和谷物批发店。

威廉·白拉克在优裕的资产阶级环境中度过了他的童年时代。他的生母早亡，父亲再娶，继母对小白拉克怀

---

① 关于白拉克及其家庭成员个人情况的说明，以及他 1865 年参加工人运动前的发展情况的说明取材自亨利希·莱奥纳德《威廉·白拉克：生平和事业》，1930 年 4 月 27 日威廉·白拉克逝世 50 周年纪念文章，不伦瑞克 1930 年版。

有满腔的厚爱。白拉克对自己的双亲抱有一片深情，即使后来，当威廉·白拉克走上了一条与父亲期待的截然不同的道路时，当他的理想早已脱离父母家庭的资产阶级观念时，他对双亲依然怀有深深的敬意，并且竭尽一切可能来消除他们因他的政治活动而带来的在营业上的担忧。

不伦瑞克城几乎有上千年的历史。威廉·白拉克在这里度过了他的童年，迈出了走向生活的第一步，并且把不伦瑞克变成了社会主义运动的中心。

不伦瑞克作为不伦瑞克公国的首府，在 18 世纪以其戏剧和戏剧艺术家、出版商和政论家，并以创建于 1745 年的高等学府"卡洛林书院"，在四分五裂的德国科学文化生活中占有一定地位。名人雅士给不伦瑞克的精神生活增色不少。在自然科学方面，举足轻重的有当时最伟大的数学家卡尔·弗里德里希·高斯。高斯从 1788 年起在不伦瑞克文科中学"马蒂诺-卡塔琳诺伊姆"就学，1792 年至 1795 年在著名的"卡洛林书院"受教育。在文学方面，有光彩夺目的哥特霍尔德·埃夫拉伊姆·莱辛，他于 1770 年作为沃尔芬比特尔公国的图书馆管理员在不伦瑞克找到了栖身之所，尽管没有得到安宁。1772 年，《艾米莉亚·迦洛蒂》在不伦瑞克首次演出，莱辛在这里还创作了德国启蒙时期最伟大的戏剧《智者纳旦》。

不伦瑞克的政治生活和德国其他许多小国首府是一样的。18 世纪末 19 世纪初，不伦瑞克的公爵们甚至干预世界历史。当然，最初是以一种十分不光彩的方式进行的：不伦瑞克的卡尔·威廉·斐迪南大公是 1792 年欧洲封建反动势力派遣的干涉法国革命的外国军队的魁首。相反，他的同族、不伦瑞克的弗里德里希·威廉公爵却于 1809 年作为"黑军"的领导人在德国反对拿破仑压迫的解放运动史上写下了光荣的一页。

解放战争后的不伦瑞克城同战前一样，根本不是一个工业中心，即使在 1848 年革命后也如此。同德国几乎所有地区一样，这里的资本主义发展十分缓慢。但是，资本主义的发展毕竟已经开始，而且也在不伦瑞克这座古老的首府发展起来。

显然，资产阶级的逐渐发展同样也反映在不伦瑞克的政治生活中。在 1830 年法国七月革命的影响下，9 月 6 日和 7 日，不伦瑞克反对派举行了反对卡尔公爵专制统治的起义，公爵被起义者赶下了台。他的继承人威廉公爵不得不在 1832 年颁布一部宪法，承认资产阶级的某些权利。因此，不伦瑞克的资产阶级在三月革命前就同资产阶级的

反抗传统有了联系。

资产阶级的精神代表——教授、记者、律师，成立了种种政治组织。自由主义者在"卡洛林书院"的教授威廉·阿斯曼博士（他还是后来给予他的学生威廉·白拉克在政治上的最初成长以影响的人）的领导下，组成了"市民协会"。在记者豪辛格 1846 年出版的《不伦瑞克人民之友报》周围，资产阶级民主派开始形成。

1848 年，当革命在德国爆发时，不伦瑞克也出现了革命行动。资产阶级的各种思潮表现得更为明显。温和的自由派集中在"祖国协会"中，并且出版了《德国人民报》。《全德人民之友报》（前身是 1846 年的《不伦瑞克人民之友报》）的资产阶级民主主义方向深受人民群众的同情。此外，还有一个引人注目的左派小组，公开主张成立德意志共和国，支持波兰。

马克思和恩格斯的观点以及《新莱茵报》的活动对不伦瑞克的革命者来说并不陌生。《德国人民报》于 1848 年4 月 9 日发表了《共产党在德国的要求》；路德维希·施泰翰在汉诺威出版的《工人大厅》上报道了若干集结在《新莱茵报》周围的一些人的活动消息，他们是在德国进行资产阶级民主革命的最坚定的战士。不伦瑞克的工人和

帮工也开始组织起来。1848 年夏，在革命过程中诞生了
"工人协会"，它受资产阶级民主主义的《人民协会》的影
响，一直存在到 1855 年。在工人协会中也有若干共产主
义者同盟的成员，其中最著名的有裁缝帮工黑克，他组织
了不伦瑞克工人协会的对外联系，而且在历次地方代表大
会上代表不伦瑞克工人协会参会。

各阶层都行动起来了。但是，不伦瑞克的革命运动像
整个德国一样，由于资产阶级的软弱，失去了它最初的力
量，未能在人民群众的支持下把革命进行到底。自由资产
阶级胆怯地妥协了，它对革命的背叛、对德意志民族的背
叛，同样也削弱了不伦瑞克的革命运动，以致像在整个德
国一样，革命运动受到了反革命的镇压。

不言而喻，7 岁的威廉·白拉克尚未经历过 1848—
1849 年的革命斗争以及这一斗争的部分成功和失败。然
而，12 年后，他已经试图接过并继续举起黑 – 红 – 黄的
旗帜（1848—1849 年革命民主派的旗帜）。1848—1860 年
是年轻的白拉克受到最初的政治意识，而且是民主意识教
育的年代。

威廉·白拉克的双亲使他能够受到良好的学校教育。
他在马蒂诺 – 卡塔琳诺伊姆一直念到七年级。他是一个颇

有天赋的青年。他热爱自然科学如同热爱社会科学一样。历史、物理和化学是他最喜爱的专业，他一生对科学的这些领域尤为偏爱。对迅速发展的自然科学中最新知识的渴望、对技术进步的热爱是他对人类历史知识不断追求的补充。他在人类历史中寻找着用以理解包围着他的、相当矛盾的现实的钥匙。

几乎还在童年时，他就一心为争取改善人类的生活而努力。他憎恨不平等、压迫和不正直。他认为爱情、责任、劳动和正直是人类最崇高、最值得努力追求的道德价值。当他还是一个12岁的中学生时，他所追求的理想就已反映出他对内在的和外在的、自身的和社会的完美性的探求。

"如果将来你想成为一个有益于世界的、幸福的人，那么，就应该保持你的纯洁，并且养成勤劳向上的生活习惯。除了你的高尚心灵之外，不要追求其他的幸福。""我们决不应该为了自己的幸福而牺牲他人，不应该为了改善自己的境遇而侵害他人利益。"

年轻的白拉克在日记中写下了这些想法。一年以后，他在1855年自白道："一旦命运把你放在人类至善至美的更高阶段，你决不应自负：因为只有履行你的义务，才能确定你内在价值的程度。""我决不会因为他是个穷人或衣衫褴褛而鄙视他。富者很快会变穷，穷者会变富。""对待自己的同胞要永远襟怀坦白，勿以伪善和谎言来欺骗人。"①

这些打上启蒙思想印记的格言，十分深刻地体现了成长着的年轻人对人类高度完美性的渴望，显示了非同凡响的成熟和对人类的高度责任感，这种责任感对白拉克成长为一个社会主义者产生了决定性的影响。

白拉克早在青年时代的整个努力，就在把自己的一生献给为人类服务，为大家作出有益的贡献。因此，白拉克不赞同父亲要他念完七年级后辍学经商的要求。他在内心深处对经商丝毫不感兴趣。资产阶级攫取利润的特点使他感到，为经商和继承父亲的面粉谷物批发商店而奋斗是完全不值得的。

威廉·白拉克希望学习，他满怀对真正生活的憧憬写信给他的父亲说："但愿我的迫切希望能得以实现。我愿学习物理和化学，以便参与人类的进步。我不求万贯家财。"②

---

① 亨利希·莱奥纳德《威廉·白拉克：生平和事业》（1930年4月27日威廉·白拉克逝世50周年纪念文章），不伦瑞克1930年版第5页。

② 亨利希·莱奥纳德《威廉·白拉克：生平和事业》（1930年4月27日威廉·白拉克逝世50周年纪念文章），不伦瑞克1930年版第6页。

然而，他的请求无济于事，不得不从命学习经商。同恩格斯一样，白拉克也被套上了生意经的枷锁。不过，他至少使父亲同意他报名作为卡洛林书院的旁听生。

于是，他在以前的中学老师、48 岁的老教授阿斯曼门下攻读历史和练习即席演讲。阿斯曼教授对这个聪明好学的年轻人十分赞赏。15 年之后，当他们的政治道路和看法已出现分歧时，阿斯曼仍十分推崇地谈到白拉克那具有大学生水平的成绩，并对他的政治信念表示尊敬。

1871 年在审理白拉克及其同志的不伦瑞克叛国案时，阿斯曼教授向法庭宣布：“白拉克是本地卡洛林书院我的学生。他是我最优秀的学生之一，喜欢即席演讲、撰写文章，以勤奋好学和罕见的才能著称。”①

毋庸置疑，自己选择的、因职业需要而进行的学习，对这个满腔热情的年轻人资产阶级民主主义思想的形成具有重要的意义。没过多久，充满一切美好愿望、渴望行动的 18 岁的威廉·白拉克就登上了家乡的政治舞台。

---

① 威廉·白拉克《社会民主工党不伦瑞克委员会在勒特岑和在法庭上》（以下简称《不伦瑞克委员会》），不伦瑞克 1872 年版第 118 页。

在黑－红－黄的旗帜下

　　1849 年春夏革命失败后，德国陷入了政治上最黑暗的反动年代。然而，经济发展并未停滞不前。19 世纪 50 年代的德国，工农业中的资本主义生产方式迅速进展，这种进展因 1857 年的国际性危机曾一度中断，60 年代又有了持续发展。

　　资本主义生产方式发展的结果，导致了明显的阶级分化。容克地主和资产阶级之间的利害冲突失去了它的对抗性，相反，随着工业的蓬勃发展，经济成长为最强大的资产阶级，却面临着一个不断壮大的、在无数次经济斗争中试图反抗资本主义剥削的产业无产者阶级。

　　1857 年，严重的世界经济危机席卷德国。工人的经济斗争不断高涨，表现为罢工运动与日俱增。这首先再次

向德国资产阶级表明，至今仍然存在的德国的民族分裂、各个独立的小邦和封建官僚的反抗乃是充分发展资本主义生产方式和德国工业竞争能力的严重障碍。

19世纪50年代末，整个欧洲结束了政治上的反动时期。意大利掀起了争取国家统一的爱国运动。各地的民族革命风起云涌。1859年意奥战争和法国的干涉唤起了人们的政治感情，并且要求欧洲的民主派表态：赞成还是反对波拿巴主义。

德国的反响尤为明显，那里，争取民族统一的运动席卷各地，波及社会各阶层。国内的，但是也有国外的种种因素导致了争取德国民族统一运动的新高涨。"德国1848—1849年革命后，存在着实现民族统一的两条截然不同的道路：一条是自下而上的革命道路（作为一场人民革命运动的结果，成立全德共和国，这场运动旨在反对各代王朝及其在国内外的社会、政治支柱），或者是一条自上而下的革命道路（保留大多数王朝，在普鲁士国家的霸权统治下实现统一）。"① 唯有第一条道路符合人民的利益，而第二条道路必然加强反革命力量的权力地位。

---

① 《德国工人运动史概论》柏林狄茨出版社1963年版第51—52页。

资产阶级自由派为实现其民族要求，作为一种手段于 1859 年秋成立了"民族协会"，协会谋求在普鲁士的领导下实现德国的统一。资产阶级自由派采取的是一条"自上而下"统一德国的方针，相反，一部分小资产阶级民主派、民主派知识分子以及德国工人阶级的先进阶层则力图通过一场人民革命运动来实现德国的统一。

许多地方举行的席勒纪念活动和为纪念德国伟大的诗人诞生 100 周年于 1859 年举行的全德席勒纪念大会，都带有广泛的民族性。随着体操运动的复活而掀起的爱国运动拥有真正的群众基础。体操协会、自愿体操者消防队、射手协会以及诸如此类的组织如雨后春笋般出现在整个德国，出现在城市和乡村。在反对拿破仑外来统治的解放运动的民族思想激励下，在德国大学生协会和三月革命前的 48 个体操协会（他们曾在黑－红－黄的旗帜下为争取一个统一的德国而奋斗过）努力的鼓舞下，新成立的各体操协会全力以赴地开始致力于德国的统一。资产阶级争取民族统一运动的各派拥护者们都聚集在这些队伍中。民主派和自由派中，有赞成普鲁士的，有反对普鲁士的；有赞成公开承认民族运动民主传统的，有反对公开承认民族运动民主传统的。

年轻的白拉克就在这样一个体操协会中开始了他那精力充沛的、受崇高理想支配的政治生涯。在这里，白拉克为了捍卫他的资产阶级民主主义的理想，第一次不得不进行针锋相对的斗争，并表明他政治上的坚定性。

1860年9月21日，刚满18岁的白拉克决定采取他的第一次公开行动。他给他的朋友和熟人寄了一份通知，以争取他们赞成成立一个体操协会。到了9月29日，事情已经大有进展：25个年轻人聚集在一起，听取威廉·白拉克的初次演说。"男子体操协会"宣告成立，会员们推举年轻的白拉克为司库。从这时候起，白拉克一直担任司库的职务。到了在工人运动活动时期，他也始终忠实地履行这一职务许多年。

不久，新成立的男子体操协会——主要是由于协会年轻司库巨大的努力——有了相当引人注目的力量。但是，最初的政治斗争也接踵而来。1848—1849年革命时期的前体操协会把一面黑－红－黄三色旗交给了它的继承者。这面旗帜便成了他最初的绊脚石。

1861年，不伦瑞克庆祝建城一千周年。不言而喻，男子体操协会也参加了盛大的庆祝游行。黑－红－黄三色旗应该走在队伍的前面。不伦瑞克的警察对这一安排当然心怀不满。警察虽然没有下达禁令，却通知执行委员会说，城市当局完全可以取缔三色旗。而体操协会则是不希望失去这面旗帜的，他们行进在游行庆祝队伍中黑－红－黄的旗帜（德国自由和统一的象征）的后面。

这次游行后，协会会员中的政治分歧并没有消除。体操委员会中，领导人意见不一。领导成员中的三人，即第一和第二主席以及秘书退出了协会，唯有白拉克坚持已下定的决心，留在自己的岗位上。尽管有种种不快的事，但他仍表示拥护资产阶级民主主义的传统，继续活跃在已出现的爱国主义群众运动中。他在1861年还短暂加入了不伦瑞克大学生协会"德国女神"。白拉克作为男子体操协会的积极成员，多年来始终对协会忠诚不渝。1862年从男子体操协会中又成立了一支体操消防队，他同样也是一个最热心的促进者，并且是消防队的两个队长中的一个。

由于白拉克孜孜不倦的努力，他的名字不久便为不伦瑞克广大居民所熟知。即使后来，当白拉克站在为争取被压迫和被剥削的工人阶级解放战士的最前列时，他当初的许多战友心中仍然铭记着他。1871年，当白拉克在不伦瑞克社会主义者诉讼案中出庭受审时，商人海尔

曼·里克斯对他赞扬备至，并就年轻的白拉克乐于献身和奋发努力的精神作证说："我非常喜欢白拉克，因为凡是他认为是有益的事，他都以满腔的喜悦和热情着手去做，在消防队里，他也干得十分出色……消防队里始终充满着对他的怀念。"①

对当初这些卓有成效的公开活动岁月的回忆，往后犹包含甘苦的余味。鉴于白拉克的政治观点，男子体操协会于1872年把他除名。开除一事必然使白拉克感到十分痛苦，因为他毕竟通过这一组织在为争取社会利益的活动中获得了最初的成功，也曾对体操协会迅速向前发展有过无可争辩的重大贡献。

---

① 威廉·白拉克《不伦瑞克委员会》第120页。

1865 年 9 月 6 日

　　1859 年民族革命危机的结果使德国工人运动也得到了新的推动力。许多城市成立了工人教育协会，协会的发起人有先进的工人，然而，当时大多数人是来自带有自由派或小资产阶级民主派印记的资产阶级知识分子，他们决定了工人协会的面貌，甚至出于资产阶级自由派的利益，要工人协会在政治上节制。

　　由于资产阶级和无产阶级之间的矛盾日益尖锐，特别是在民族统一运动的促进以及欧洲民主运动普遍高涨（包括国际工人运动的复苏）的鼓舞下，19 世纪 60 年代初，工人教育协会在政治上明显地活跃起来。这股热潮反映了有阶级觉悟的工人积极要求参与政治生活和独立于资产阶级的迫切的革命愿望。

凡是由于共产主义者同盟早期成员的活动对德国和国际无产阶级的第一个党组织留有记忆的地方,凡是由于共产主义同盟早期成员的活动对马克思恩格斯的活动留有记忆的地方,凡是在最严峻的政治压迫年代里设法继续在工人中进行政治宣传的地方,例如科隆、佐林根、埃尔伯费尔德、巴门、莱比锡和汉堡,这些要求都特别有影响。

工人协会积极活动的高潮一度表现为各工人协会努力寻求政治上的独立自主。这些工人协会于 1863 年 5 月 23 日在莱比锡的《万神殿》合并成立了"全德工人联合会"。

"全德工人联合会"的领导人是斐迪南·拉萨尔,他被成立大会的代表遴选为联合会的主席。斐迪南·拉萨尔以其著作《工人纲领》和《公开答复》赢得了出席莱比锡大会的工人代表的同情和信任。在这两篇文章中,拉萨尔希望工人认清他们的阶级地位,并向他们提出了关于斗争的道路和方法的建议。他为实现工人在政治上和组织上独立的要求进行了不懈的努力,并且在成立工人自己的组织"全德工人联合会"中给予了举足轻重的支持。拉萨尔的历史功绩在于,对德国工人运动的复兴起了决定性的作用,使其在组织上脱离了资产阶级,并且确立了进行政治斗争的方向。

　　"全德工人联合会"不是德国工人运动的摇篮，正如拉萨尔不是德国工人运动的创始人一样，目前正式的社会民主党史也一再这样宣称。早在约 15 年前，马克思和恩格斯创建了共产主义者同盟，并制定了工人阶级的科学理论，从而为革命的德国工人党奠定了基础。"全德工人联合会"的成立毕竟在形成一个独立自主的、不依附于资产阶级的社会主义运动这一漫长的道路上迈出了重要的一步。从这时起，一切都取决于工人组织已获得的独立能否为真正的无产阶级革命的政治服务。拉萨尔虽然在他的鼓动文章中部分地引用了马克思的看法（他由于结识了马克思，而熟悉了马克思的著作和看法），但是，正如恩格斯后来一针见血所指出的，"从马克思那里搬来的正确的东西同他自己的通常是错误的论述混在一起"[①]，以致他的理论体系以及由此而产生的政治策略对于刚成立的年轻的工人组织来说，是一个极不可靠的基础。

　　拉萨尔政治纲领的主要要求最突出地表现在把要求普遍、平等、秘密和直接的选举权看作无产阶级夺取政权的决定性手段，以及要求由国家帮助建立生产合作社。然

---

① 《马克思恩格斯文集》第 10 卷第 604 页。

而，不仅在解决日常问题上，而且在无产阶级阶级斗争的最终目标上，这两项要求给无产阶级指出的是一种片面的，并且部分是错误的方向。由于拉萨尔没有把争取普遍、平等和直接的选举权的斗争同争取其他资产阶级民主要求的斗争结合在一起，所以，要求有选举权，对于争取资产阶级民主革命和通过人民运动来为实现德国民族统一的斗争来说，其意义一开始便是十分有限的，并且为波拿巴主义滥用他所要求的选举权开了方便之门。

拉萨尔主张由国家帮助建立生产合作社的要求，使工人对社会主义的观念变得混乱。这种要求助长了和平长入社会主义的幻想，并且带有向工人掩饰俾斯麦政府所代表的国家的真面目的性质，因为这一要求唤起了人们一种希望，即期待着现存的阶级国家会进行一场彻底的社会变革。

同样，拉萨尔的"铁的工资规律"的论点，关于同盟问题的见解以及他对民族问题和无产阶级国际主义所持的立场，把一些错误的和有害的观点带到了新兴的德国工人运动中。

在对待当时的基本问题，即如何实现德国的民族统一问题，拉萨尔及其后继者们执行的是一条错误的、与德国

人民的根本利益背道而驰的政策，因为他们坚持的是一条
"自上而下"——在普鲁士霸权主义的统治下——统一德国
的路线。拉萨尔的唯心主义历史观和国家观使他采取了对
现存的阶级国家实行改良，而不是为推翻这个国家而进行
斗争的政策。拉萨尔国家观的实际政治后果则表现为同俾
斯麦相勾结。他认为，通过采取巧妙的战术能促使俾斯麦
实行他的改良计划。

全德工人联合会的组织结构完全是按照拉萨尔个人的
权力地位规定的。章程赋予主席几乎有无限的，可以说是
独裁的全权。主席任期 5 年，他可以自行指定副主席，确
定下一届全体大会召开的地点，地方分会的规章由主席提
出；相反，组成全德工人联合会执行委员会的 25 名代表
却分散在整个德国，根本无法活动。正是这种不民主的
组织机构，不久便激起了全德工人联合会内部最初的反
对情绪。

拉萨尔的经济、哲学和政治观点的整个体系使得工人
偏离了他们最重要的任务。这一体系（由于联合会不民主
的组织结构而得到了加强）妨碍了全德工人联合会发展成
为阶级的政党，最终导致了它走向宗派运动的死胡同。

拉萨尔的这种思想不能不遭到全德工人联合会内最优

秀、最有阶级觉悟的力量的反对。拉萨尔及其后继者的政治路线同要求在德国进行一场普遍民主的无产阶级斗争之间的对立,导致了以后数年中在全德工人联合会内形成了一个无产阶级反对派。

大部分工人协会仍然处于资产阶级的政治影响之下,对全德工人联合会敬而远之。他们认为,资产阶级自由派和小资产阶级民主派是民主国家思想的拥护者,尤其是后者,在民族统一问题上奉行的还是一条独立的、不依附于普鲁士的政策,谋求的是民主共和国。因此,绝大多数工人协会不但仍然受资产阶级的领导,而且在全德工人联合会成立后不久,同样于1863年合并为德国工人协会联合会。大多数工人协会在以后动荡的年代里拥护的是民主统一德国的路线。不久以后,当倍倍尔和李卜克内西这些人成了联合会的领导人时,这一点就表现得更为突出了。原先曾设想,成立联合会是资产阶级为了同全德工人联合会唱对台戏,以遏止工人争取独立性的努力。倍倍尔和李卜克内西始终把争取民主统一德国的斗争放在眼前,同时面对资产阶级和容克地主愈益坚决地维护无产阶级的阶级利益。马克思和恩格斯以及1864年9月28日在伦敦成立的国际工人协会(第一国际)十分关心德国工人运动内部的政治纯洁过程，国际工人协会的口号是："全世界无产者，联合起来！"和"工人阶级的解放只能是工人阶级自己的事。"

由于革命的失败，马克思和恩格斯被迫流亡英国，从而在空间上脱离了德国工人运动的进程，但是，他们始终怀着巨大的关心注视着德国工人运动的复苏。马克思和恩格斯同德国工人和工人运动的领导人保持着联系，在通信中给他们以宝贵的指示，特别是通过一些著作，如马克思撰写的科学社会主义著名的纲领性文章《国际工人协会成立宣言》、恩格斯的《普鲁士军事问题和德国工人政党》，向德国工人阶级指出了成立真正独立的革命政党的必要性，以及党的目标是实现工人阶级的历史使命和为争取民主解决德国的民族问题而斗争。

1865 年，几乎是在同时，当奥古斯特·倍倍尔在莱比锡通过威廉·李卜克内西开始接触到科学社会主义的思想，得到了《国际工人协会成立宣言》并进一步了解到第一国际的活动，开始成长为一个社会主义的工人干部时，威廉·白拉克也在工人运动中迈出了他的最初几步。

促使白拉克加入工人运动行列的有各种各样的原因。原因之一是，他喜欢 1848 年民主派的理想，这些理想使

他对不伦瑞克和德国其他各邦现存的政治状况产生了不满；原因之二是，对社会差别的认识，他认为这些差别是极不道德和极不公正的，从而使他开始接受社会主义思想。

斐迪南·拉萨尔的著作落到了23岁的白拉克手中，这些著作给他留下了深刻的印象。如果说白拉克在逝去的岁月中已经在考虑社会对立，已经感觉到极不公正的贫富差别，并且希望，只要个人的真正贡献是衡量其社会地位这个唯一决定性的标准能得到承认，那么，在他眼里，拉萨尔的观点，拉萨尔关于"第四等级"、关于工人及其敌人的阐述，都有助于解释种种社会矛盾。

威廉·白拉克受新思想的鼓舞，准备立即将其付诸实践。这在他身上一开始就突出地表现为：他不是个言行不一、思想脱离实际的人，相反，他是个言与行、思想与实际紧密联系在一起的人。为了实现他一旦认为正确的原则，他是不惜任何辛劳的。

1865年9月10日，《社会民主党人报》刊载了一则消息说，自1865年9月6日起，全德工人联合会不伦瑞克分会就存在。在"音乐厅"礼堂的群众集会上，当时的全德工人联合会主席伯恩哈德·贝克尔发表了《从拉萨尔的立场看工人阶级的利益》的讲话。接着，宣告成立全德工人联合会不伦瑞克分会，最初的约 40 名成员推举威廉·白拉克为分会主席。

于是，这个与工人同呼吸共命运的公民成了分会的组织者及其精神领袖。1865 年 9 月 6 日的成立大会是白拉克在这条道路上迈出的实践上的第一步。

威廉·白拉克以一个正直的民主派所具有的彻底性走上了工人运动的道路。他越来越认识到，在现存的历史条件下，唯有工人运动才能实现资产阶级民主派的理想，才能消灭劳动人民的社会和政治压迫。

在全德工人联合会不伦瑞克分会中

开始时，深受拉萨尔错误观点的影响，但是，同时又是一个富于批判和独立思考精神的人，一个也能充分接受工人运动中其他派别观点的人——这就是 19 世纪 60 年代下半叶的白拉克。

他满腔热情地投身于政治工作，设法在不伦瑞克工业和手工业的工人和帮工中争取新的支持者。他曾多次在工人集会和群众集会上作报告，论述工人运动的目标、资本与劳动的矛盾、不伦瑞克的政治弊端。他为《社会民主党人报》撰写通讯。结果，不伦瑞克分会的会员不久便出了名。在白拉克目标明确的活动指引下，其会员的积极性得到了 1865 年在美因河畔法兰克福举行的全德工人联合会全体会议的赞许。威廉·白拉克被遴选为执行委员会委员，1867年担任全德工人联合会的司库。

弗兰茨·梅林高度赞扬不伦瑞克分会，他写道："一个小分会在威廉·白拉克的细心培植下，极有希望地发展着；白拉克是一个年轻的商人，他从纯粹的理想主义出发，热心于穷人和没有财产继承权的人的事业，他善于把幻想的热情同实际的活动结合起来。"①

没有多久，白拉克终于第一次，但绝不是最后一次领教了阶级的司法。1866年4月23日，白拉克在一次集会演说中反对工人无权结社，公开谴责警察专横。1866年7月12日，白拉克同他的一个战友——裁缝帮工亨利希·肖姆一起被不伦瑞克的公国地方法院判处14天监禁。不过，这一判决在后来的复审中不得不撤销。②

不言而喻，白拉克的活动不能不受亟待解决的日常政治问题的影响。1866年危机年的各种事件——以普鲁士获胜、奥地利被挤出德国而告终的普奥战争，北德意志联邦的建立（这是在普鲁士霸权统治下、沿着"自上而下"的

---

① 参见弗兰茨·梅林《德国社会民主党史》生活·读书·新知三联书店1965年版第3卷第214页。

② 《不伦瑞克的一起政治审判案》，载于社会民主党机关报（柏林）《社会民主党人报》1866年12月23日（附页一）。

民族统一道路向前迈出的重大的一步），争取普遍、平等和秘密的选举权斗争的蓬勃开展——同样也反映在白拉克以及全德工人联合会整个不伦瑞克分会的活动中。

因此，从1866年夏季起和1867年一年，致力于德国的民族统一以及争取普选权和选举北德意志联邦国会的鼓动工作，便成了白拉克政治活动的中心。

1866年7月8日，即普鲁士在克尼格雷茨战役中战胜奥地利五天之后，《社会民主党人报》刊载了不伦瑞克会员的一则公告，公告就当前亟待解决的问题表明了他们的态度："政治形势日趋严重和危险，德国尤其如此。现在德国人民的双重义务是，严肃认真而又响亮有力地发出自己的呼声，庄重地指明能够导致好转的唯一途径。德国人民要的是德国的统一，德国的议会以及各邦各地区人民的第一基本权利：普遍、平等、秘密的选举权。特别值得一提的是，正如事实说明的那样，这一点是确凿无疑的，即一旦德国人民履行了自己的义务，并且处处都响亮有力地表现出它那不可动摇的决心……那么人民一定会成功。"

1866年7月14日，在由白拉克主持的一次大规模群众集会上，把争取普遍、平等、直接的选举权的鼓动同各邦各地区进行秘密投票和要求建立自由统一的德国联系了起来。

同全德工人联合会的领导相反，在争取民族统一的斗争中，不伦瑞克会员的斗争矛头不仅针对普鲁士，还要求人民的民主权利。1867 年 8 月，白拉克在一次选举大会上毫不隐瞒他对以军事暴力开始的"自上而下的革命"所持的否定态度。"我不喜欢北德意志联邦"，白拉克直言不讳地宣布，"一则因为这是一条导致同样下场的道路（暴力产生的东西，只能用暴力来维持），再则这条道路的范围有限（应当包括整个德国），加之那些机构赋予人民的权利微乎其微。"①

首次选举是 1867 年 2 月，白拉克作为积极分子和独立的组织者参加了这次选举。他是"人民选举委员会"的第一主席，委员会提名德累斯顿的奥托·瓦尔斯特博士为不伦瑞克—布兰肯堡地区的议会候选人。白拉克给选民写了一份传单《致不伦瑞克和布兰肯堡地区的人们》，传单散发了 10000 份，并在 1867 年 2 月 6 日和 8 日的《社会民主党人报》上转载。传单把统一德国称为主要要求，在这个德国，穷人和贫困者都应享有权利和公正。只有当议

---

① 《社会民主党人报》1867 年 8 月 16 日。

会由真正的人民代表组成时，德国的统一才能实现，而这些代表只能来自全德工人联合会的队伍。这种思想完全支配了白拉克。为了实现这一思想，他进行了不懈的努力，参加了1867年北德意志联邦国会选举最初的竞选斗争。

白拉克明确支持建立一个统一而又民主的德国并为之努力。显然，他对议会的万能还抱有幻想，但是他并没有这种想法，即应该把普鲁士政府看作建立民族统一的唯一保证。他的资产阶级民主主义的出发点阻止他产生这种想法。在这个重要问题上，威廉·白拉克采取了比联合会后来任主席的约·巴·施韦泽远为正确的立场。后者是站在俾斯麦的在普鲁士霸权主义下实现德国的统一的政策这边的。对于这场首次竞选来说，不伦瑞克—布兰肯堡的选举结果不算坏。9690张选票中，全德工人联合会的候选人奥托·瓦尔斯特赢得了2267张。这对于事情的开始来说，已经是不错的了。但是，白拉克并不满意。他认为，民主力量缺乏足够的组织性，加上广大阶层对拉萨尔思想的偏见，乃是竞选没有取得胜利的决定性原因。因此，他想另辟新径。

除了会员中现有的核心力量外，争取新的支持者和同情者乃是白拉克的一贯愿望。此外，他准备在争取德国的统一、民主和进步的斗争中联合一切坚定不移的民主力量，以便能够有效地抵抗反动派。

白拉克的这场既要争取强大的工人运动，又要争取广泛的民主阵线反对政治上的反动和社会压迫的斗争经历了许多阶段。凭借着努力向上的精神，他在不断地寻求新的途径和新的可能性。

第一次选举后——这次选举的结果还清楚地反映了敌对势力的强大——白拉克打算建立一个"人民联合会"，在这个联合会周围集中起所有争取民主与社会进步的战士，以便在选举中击败反动派。

然而，白拉克这样做却最严重地触犯了全德工人联合会的神圣教条。同其他民主力量建立联系被看作"放弃阶级立场"和与所谓反动的一帮（农民和小资产阶级被不加区别地当作这一帮）同流合污。白拉克及其朋友受到约·巴·施韦泽的猛烈攻击，后者当时正值担任全德工人联合会主席一职的前夕。

施韦泽立即作了一次不伦瑞克之行，以便就地整顿联合会的"秩序"。他的这一招至少暂时获得了成功，因为白拉克在给《社会民主党人报》编辑部的一篇通讯中终于声明说："我本应早就告诉您，在施韦泽先生来到我们中间

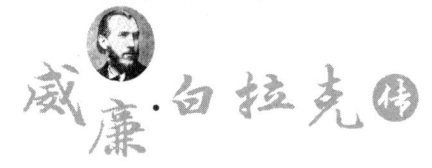

以后，人民联合会最终被我们放弃了。我们必须看到——有些人一定会怀着沉重的心情这样看——对于我们来讲，只能存在一个组织、一面旗帜，即全德工人联合会的组织和全德工人联合会的旗帜。其他协会，即使它们（就像在我们这里那样）具有极其重大的地方性意义，我们也同样坚决抛弃，因为这些协会会分裂力量——集中力量于一处常常是十分必要的——而且最终会扰乱和损害如此必要的党的纪律……"[1]

尽管在《社会民主党人报》上发表了声明，但是白拉克还是保留着那些想法，这些想法一遇机会又会表现出来。

经过同施韦泽的这场争论之后，白拉克转而着手巩固全德工人联合会在不伦瑞克地区的地位。他把自己的全部力量集中于更紧密地团结不伦瑞克地区的工人，以便争取实现他们的目标。白拉克同全德工人联合会的其他会员一起，于1867年7月21日组织了一个大规模的不伦瑞克和近郊的工人日。向许多组织和个人发出了邀请，恳请他们参加或至少派遣代表出席。

白拉克心中树立了不可动摇的信念：只要工人们团结

---

[1] 《社会民主党人报》1867年4月14日。

一致，相互支持，就一定能实现自己的目标。但是，白拉克也明白，工人运动是具有国际性的运动，尽管它的活动是在民族的范围内。为此，在以白拉克为首的节日委员会的请柬中这样写道：

"来自各地的工人们汇聚一堂，为的是商讨他们关心的问题，共同夺取本世纪最重要的运动，即**工人运动**的成果……

"这表明，连德国工人也认识到，'工人问题已经提到了议事日程'；德国工人不打算在没有自己的参加下让他人，也许是自己的敌人来解决工人问题；这表明，德国工人不甘心落后于他们的法国、英国以及美国的弟兄们。

"全世界无产者，联合起来！"①

无疑，拉萨尔思想在威廉·白拉克的心目中还始终占支配地位。然而，除了拉萨尔思想外，又出现了第一国际带到德国工人运动中来的其他新观点。

马克思撰写的《国际工人协会成立宣言》同样也给白拉克留下了印象。1867年成立了第一国际不伦瑞克－沃尔芬比特尔支部，支部的活动从此对白拉克以后的政治方

---

① 《社会史文献》汉诺威1962年版第2卷第321页。

向产生了更强烈的影响。

白拉克和他后来的朋友与战友奥古斯特·倍倍尔一样，通过第一国际第一次同马克思主义有了真正的接触。因为从拉萨尔的著作中白拉克只是间接地接触到马克思的思想，而且远非全面。于是，白拉克的发展达到了一个重要时刻。

尽管有警方的阻挠和禁止游行队伍通过不伦瑞克工人区，不伦瑞克工人日还是取得了巨大成功。94 位代表代表着 8120 名工人出席了会议。他们是全德工人联合会会员，其他工人协会的代表以及第一国际各德国支部组织起来的工人代表。会议原来的目标是，引导全德工人联合会的支持者和尚未加入联合会的各工人协会会员团结在斐迪南·拉萨尔的旗帜下。除此之外，白拉克还特别重视把农村居民和手工业者引导到工人运动的目标上来。

这次工人日的结果大大提高了全德工人联合会在不伦瑞克地区的影响。一项直接成果是，沃尔芬比特尔的教师、工人协会中舒尔采－德里奇派的信徒赛米尔·施皮尔宣布加入全德工人联合会。赛米尔·施皮尔成了威廉·白拉克最亲密的战友之一。

白拉克为扩大全德工人联合会的影响不倦地工作着。

全德工人联合会不伦瑞克分会之所以能不断有新会员加入，首先应归功于白拉克的鼓动。然而，白拉克完全反对只按联合会主席的调子行事。由于施韦泽这位联合会主席坚持拉萨尔的教条，并且在政治上同俾斯麦勾结，从而设置了种种限制。但是，白拉克不顾前不久施韦泽筹建人民联合会时进行的干预，不让自己的政治积极性长时间受这种限制。白拉克是一个独立的、富有创造性思想的人。

1868 年上半年，当约翰·雅各比的政治观点如同倍倍尔中肯地刻画的那样"大大地左倾了，并且远远离开了进步党"①时，同施韦泽的旧争论又有了新发展。全德工人联合会中最先进的会员把他们的注意力转向了这个 48 岁的著名老民主派的行动举止上。这件事同样也引起了白拉克的兴趣，并促使他在不伦瑞克分会极力主张召开一次讨论有关约翰·雅各比民主纲领的群众集会。

于是，在 1868 年 7 月 19 日召开了著名的阿赛大会，参加者约有 10000 人。大会的任务是：阐明全德工人联合会的目标，同时使雅各比纲领通俗化，并对它作出评价，

①　奥古斯特·倍倍尔《我的一生》生活·读书·新知三联书店 1978 年版第 2 卷第 50 页。

求同存异。会议的中心是两个主要报告：一个是伊塞隆的卡尔·威廉·特尔克所作的《德国社会民主工党的目标、手段和组织以及同其他政党的关系》的报告，一个是威廉·白拉克所作的《约翰·雅各比博士的民主纲领》的报告，白拉克和施皮尔共同拟定的提纲。①

威廉·白拉克在《社会民主党人报》上关于他的报告陈述道："我认识到这个纲领的巨大意义，它同样清楚地阐述了社会民主党的最终目标，但是，个别地方，特别在论及达到目的的手段时，纲领是有矛盾的。它没有工人党观点的那种明确性，很少考虑到今天的实际措施。而拉萨尔的不朽功绩恰恰是向工人指出了达到目的的实际途径……"②

寻求同民主运动联系的努力使白拉克得出这样的结论，结论部分地认为人民党和工人运动的努力是一致的，尽管白拉克一如既往地捍卫独立的工人政党的正确性和必要性，并且热情地宣传拉萨尔的建议。但是，问题在于白拉克恰恰首先是强调反对反动统治现状斗争的共同性。此外，白拉克认为，在社会关系中也要承认有共同的目标，

---

① 《社会民主党人报》1868 年 7 月 29 日。
② 《社会民主党人报》1868 年 7 月 22 日。

这相当清楚地表明，白拉克本人对革命工人运动的最终目标还缺乏准确的、科学的根据。

由于阿赛集会，白拉克再次激怒了施韦泽，在这个问题上，施韦泽对白拉克的态度如同在人民联合会问题上一样，极其粗暴无礼。这位联合会主席最担心的是，雅各比的反普鲁士道路会影响全德工人联合会会员，为此，他既不强调联合，也不强调排斥，而是无条件地反对雅各比的纲领。归根结底，正如奥古斯特·倍倍尔一针见血指出的那样，对他来说，主要问题是从外面用中国的万里长城把联合会包围起来，使之免受可能危及他独裁的影响。①

于是，同其他各地一样，不伦瑞克也出现了反对全德工人联合会主席的反对派。起初，他们只是在个别的，然而已经是十分重要的问题上，抛弃全德工人联合会的领导所代表的拉萨尔的某些学说，如果这些学说有碍于反对政治上的反动势力和社会压迫的人民运动开展的话。于是，也就自然而然地产生了同拥有独裁全权的联合会主席的冲突——他向不按他的调子行事的全德工人联合会会员抛出

---

① 参见奥古斯特·倍倍尔《我的一生》生活·读书·新知三联书店1978年版第2卷第50页。

逐出教门的谕令。

如果说施韦泽一开始也还成功地使他的队伍就范的话，那么不容忽视的是，全德工人联合会中最先进的会员由于受到阶级斗争中亲身经验的鼓舞，特别由于受国际在德国活动的影响和过去在资产阶级自由派领导下的德国工人协会联合会向左转的影响，已从孤立状态中摆脱出来，却没有立即停止做一个热心的拉萨尔分子。

同全德工人联合会领导的分歧丝毫没有妨碍白拉克同时十分积极地以发表讲话和文章来传播拉萨尔的思想。自1867年起，白拉克总的说来是以政论家的面目出现的，比如发表在《社会民主党人报》上的连载文章《论工人问题》[①]，明显地带有拉萨尔观点的痕迹。

在政治方面，白拉克仍然对议会抱有幻想，并把国家的理想化，看作一种超阶级的现象；在经济领域内，白拉克十分起劲地为"铁的"工资规律、为要求分得"不折不扣的"劳动所得和要求"公平的"分配辩护。最后，在白拉克的眼里，由国家帮助建立生产合作社竟成了改善工人状况的决定性手段。

---

① 《社会民主党人报》1867年11月3、8日和12月22日。

对白拉克来说，在德国工人运动队伍里的最初几年乃是历尽艰辛的几年。最初的成功使白拉克深受鼓舞，但也不乏挫折。在全德工人联合会中活动了三年之后，年轻的商人威廉·白拉克作为一个准备为穷人和被剥夺了权利的人的事业献身的不倦战士，他的名字不仅仅受到不伦瑞克工人的尊敬。

但是，这也是思考、怀疑和探求新道路、新知识的几年。他仍然拥护拉萨尔的观点——然而，拉萨尔对前进中的工人运动的所有问题真的作出了正确回答吗？阶级运动的斗争手段和方法不是同拉萨尔及其继承者们一再鼓吹的学说有矛盾吗？全德工人联合会真是一个能使工人意识到自己创造力的组织吗？难道一切有阶级觉悟的工人不需要团结一致，以便消除相互间的敌视，对付共同的敌人和捍卫自己的共同利益吗？

政治实践本身使白拉克面临着这样一些问题，并迫使他重新加以考虑。这些问题始终萦绕在他脑际。努力寻求符合实际的认识和正确的行动使白拉克不断前进。

白拉克怀着浓厚的兴趣注视着政治和经济领域内的新现象，并继续他自己的研究。当时有一本书吸引了他，这本书由于其革命的内容、严格的科学逻辑使白拉克毕生爱

不释手。没有任何书像这本书一样，向白拉克介绍了种种知识和道理，这些知识和道理对白拉克后来的整个发展产生了决定性影响。

这本书就是卡尔·马克思的《资本论》。

"卡尔·马克思的著作"

1867 年 9 月 14 日,德国出版了卡尔·马克思的主要科学著作《资本论》第一卷。从此,德国工人阶级和整个国际工人运动在斗争中获得了强有力的帮助。马克思的《资本论》给了工人阶级一件能够把他们为争取新社会制度的斗争提高到一个更高阶段的武器。马克思发现了资本主义剥削的秘密即剩余价值的产生,论述了资本主义生产方式发展的历史趋势,从而为革命的工人运动指明了斗争的道路和目标。

由于各报的评论,革命力量的注意力都集中到这一无可比拟的科学贡献上来了。白拉克是德国最先彻底地研究马克思这部著作的人之一。

马克思的这本书给年轻的工人领袖留下了深刻印象。

他在书中找到了许多曾使他百思不得其解的问题的答案。

革命的工人运动必须接受这部著作的指导——白拉克越来越强烈地认识到这一点。因此，必须尽快地、不倦地、坚决地把马克思的科学论断传播到工人中去。

白拉克对《资本论》进行了初步研究后不久，在沃尔芬比特尔《德意志同胞报》上发表了两篇《雇佣劳动和资本》的文章①，他在文章中宣传了马克思的观点，从此迈出了宣传马克思主义的第一步。白拉克首先是个行动者，他转向马克思主义理论不仅仅是一个理论认识过程。准备并促进这一转变的乃是一系列其他因素：日益尖锐的阶级斗争（其表现为1867—1868年德国不计其数的罢工斗争）经常影响着他观点的形成。邻近的周围地区也出现了引人注目的罢工，尤其是1868年8月规模较大的汉诺威纺织工人的罢工。

正是在对待工人阶级经济斗争的立场上、在对待罢工和工会组织的态度上，拉萨尔主义的教条与阶级斗争的要求之间的矛盾公开暴露了出来。面对这一事实，白拉克能熟视无睹吗？这对他来说是根本不可能的。尽管白拉克仍

---

① 亨利希·莱奥纳德《威廉·白拉克：生平和事业》（1930年4月27日威廉·白拉克逝世50周年纪念文章），不伦瑞克1930年版第16页。

然十分尊重斐迪南·拉萨尔，但是运动的利益对他来说
则更高。

除了自身的这种实际经验外，首先是国际的活动，即
国际在德国各支部的作用引起了白拉克对工人运动发展中
的一些重大问题的注意。其次，在倍倍尔和威廉·李卜克
内西的领导下，工人协会的日益革命化也不是没有在白拉
克身上留下过痕迹的。1868 年纽伦堡联合代表大会以及同
第一国际成立宣言基本相适应的那里的德国工人协会联合
会的纲领，使这一革命化达到了顶点。

所有这些因素使白拉克的活动出现了新的特点。自从
1868 年以来，全德工人联合会不伦瑞克分会日益呈现出
一派朝气蓬勃的景象。政治路线突破了旧有的、坎坷不平
的轨道，意识形态的讨论冲出了拉萨尔宗派运动的狭窄圈
子，变得越来越坚定。这条政治路线终于公开出现在汉堡
和巴门—埃尔伯费尔德全德工人联合会的全体大会上。

总的来讲，汉堡全体大会乃是《资本论》思想的影响
和第一国际在全德工人联合会会员中与日俱增的威信的证
明，它是罢工运动内在的巨大推动力和进步工人力图解答
工人阶级在政治斗争和社会斗争中亟待解决的日常问题所
作的努力的证明。政治斗争和社会斗争的实践，把早已冲

破拉萨尔学说框框的问题提到了大会议事日程上。属于这些问题的主要有这么几点：对待罢工和工会运动的态度、对待第一国际的态度，以及关于"卡尔·马克思的著作"的评论。

为列入这些议程，不伦瑞克的会员们作了重大的推动。他们建议组织工人罢工，促进工会运动。毋庸置疑，除实践经验外，第一国际就工会问题所作的决议，同样也大大有助于目前这些问题被列入全德工人联合会的议事日程。

1868年8月25日，白拉克在汉堡全体大会第二次公开会议上作了关于"卡尔·马克思的著作"的重要报告。白拉克把剩余价值理论作为他的发言的中心，但他也向听众解释了《资本论》第一卷中的其他许多重要问题。根据白拉克的建议，全德工人联合会全体大会未经辩论即通过了他提出的决议，决议说："卡尔·马克思因其著作《资本的生产过程》为工人阶级立下了不朽的功绩。"①

白拉克的报告证明，他已经深入到马克思的思想世界中去了，然而对于他来讲，要在转眼之间同拉萨尔分道扬

---

① 《社会民主党人报》1868年8月30日。

镳还不是那么容易的。一方面，白拉克深受马克思主义科学的吸引；另一方面，他又同首先引起他注意工人运动目标的人有联系。白拉克最初曾打算在马克思面前为拉萨尔辩护，他在马克思身上看到的是天才的理论家，而拉萨尔在他眼中则始终是一个解决实际途径的人。因此，白拉克最初的理论见解带有两重性：既有拉萨尔的观点，又有马克思的观点。

但是，白拉克不可能长期停留在这种状况下。工人运动本身的发展促使他继续前进。时隔不久，工人运动的发展要求他作出抉择："要么前进，要么后退，不是马克思，就是拉萨尔！"

白拉克接受马克思的这部著作，对它的融会贯通以及他对马克思的思想从认识到理解的道路，是有一个过程的，这个过程从此时开始，延续了多年。白拉克的不容争辩的历史功绩在于，尽管他还没有摆脱拉萨尔的思想体系的影响，但是，早已对《资本论》在德国、在德国工人运动中的普及起了重大作用。

"如果我们和其他工人政党发生争斗，那么这将是我们的耻辱！"

　　由于奥古斯特·倍倍尔和威廉·李卜克内西的不懈努力，无产阶级社会主义一翼在起初由资产阶级自由派建立的德国工人协会联合会中取得了一步步的进展。在 1868 年 9 月纽伦堡代表大会上纲领被通过，无产阶级社会主义一翼彻底战胜了资产阶级势力。无产阶级的多数在倍倍尔的领导下，宣布拥护第一国际的原则。不可能设想，德国工人协会联合会会像施韦泽无视已发生的变化而一味宣称的那样，是一个小资产阶级的资产阶级政党。

　　自从纽伦堡代表大会以后，德国工人协会联合会的无产阶级多数便在倍倍尔和李卜克内西的领导下走上了一条独立的革命政党的道路。中途，他们遇到了威廉·白拉克领导的全德工人联合会的反对派。

马克思主义的影响和第一国际的作用，倍倍尔和李卜克内西的不懈活动，德国工人协会联合会向左的方面的发展，在争取工人的政治与经济解放斗争中的亲身经历以及和联合会主席的冲突——这一切使白拉克越来越怀疑全德工人联合会政策的正确性。他和一些同伴坚决反对施韦泽的主席独裁。

对整个无产阶级共同的阶级利益的认识，使白拉克迫切要求消除工人运动中两派之间的内部斗争并建立一个统一的革命工人政党。

在1869年3月28日至30日举行的全德工人联合会巴门—埃尔伯费尔德全体大会上，同全德工人联合会领导的这些分歧公开暴露了出来。威廉·李卜克内西和奥古斯特·倍倍尔参加了这次大会。1869年2月，由拉萨尔派召开的一次莱比锡工人集会曾作出决议，要李卜克内西和施韦泽在公开场合阐明各自的观点和论据。李卜克内西立刻同意进行公开的辩论，而施韦泽如果不愿给人以这么一种印象，即谴责他在政治上耍两面派是有根有据的，他是不能回避这场辩论的。

几经周折，李卜克内西和倍倍尔终于被邀请出席即将在巴门—埃尔伯费尔德举行的全体大会。施韦泽当然满以为能得到代表们的全力支持。尽管经过紧张的准备，但这一希望也只是实现了一部分，因为倍倍尔和李卜克内西的出席，及其对施韦泽的批判，再加上白拉克的参与，十分明显地形成了一个反对派。当施韦泽要求进行信任投票时，14 名代表弃权，为首的是威廉·白拉克。

《社会民主党人报》认为，有必要对此作出说明。该报写道："白拉克先生对自己在表决中弃权提出两个原因：表面原因是，强迫进行的信任投票毫无价值可言；内在的原因是，不伦瑞克的工人已经认识到，如果我们和其他工人政党发生争斗的话，那么这将成为我们的耻辱。对于向冯·施韦泽先生提出的阻碍各工人政党统一的谴责，必须加以讨论，因为这个问题太重要了。主席本应声明他愿意放弃同人民党的斗争。今天，他已经这样做了，白拉克高兴地欢迎这个声明。我们不应该十分严厉地反对纽伦堡各分会。这些分会是舒尔采的各分会的同盟，社会主义的火把曾在这里燃起过。舒尔采的赘瘤始终缠在人们身上，这也是很自然的。如果我们对组织作一些变动，他们也许就已投奔过来了；不可能要求他们立即毫无保留地转到我们这边来。他认为双方都有过错。对联合会机关报编辑部的种种指责大部分是符合事实的。必须使执行委员会更富生命力，这样我们才能按章程行事。这样，我们才能消除不和，共同对敌。"①

这已足够清楚了。威廉·白拉克认为，民主的组织结构是工人运动必不可少的基础，恢复工人运动的统一乃是当务之急。因此，他坚决反对主席独裁。

在全德工人联合会反对派力量的压力下，巴门—埃尔伯费尔德全体大会极大地限制了施韦泽的权力，增加了执行委员会的权利。大会成功地把联合会置于民主的基础上。然而，好景不长。

所谓的施韦泽"政变"，犹如闪电一般震动了反对派的队伍。1869 年 6 月 18 日，施韦泽在《社会民主党人报》上以《恢复拉萨尔党的统一》这个骇人听闻的标题宣布，全德工人联合会同哈茨菲尔德伯爵夫人的小集团重新联合起来，并要求在三天之内对此进行表决。施韦泽的这种做法等于撤销了最近这次全体大会通过的有关组织结构的改变，并且又按照拉萨尔的旧例，恢复了主席独裁。施韦泽

---

① 《社会民主党人报》1869 年 4 月 14 日。

希望通过这种强制行动，重建其在全德工人联合会中原有的权力地位，压垮联合会中反对派的力量，以此来对抗德国工人运动的真正统一的"危机"。这种强加于联合会会员头上的做法，引起了极大的愤慨，它导致了全德工人联合会中最进步的会员的公开反叛。

威廉·白拉克站在反对派的最前列，并通过第一国际马格德堡支部的代表尤利乌斯·布雷默尔，同倍倍尔和李卜克内西商量召集一次会议。

长期以来，白拉克就密切关注着倍倍尔和李卜克内西的斗争。一方面，他把他们看作献身于无产者事业和与自己争取同一目标的坚定的先锋战士；另一方面，倍倍尔和李卜克内西也同样以越来越大的兴趣关注着白拉克的正直的斗争。后来，他们在巴门—埃尔伯费尔德全体大会上相识了。

自从倍倍尔和李卜克内西在巴门—埃尔伯费尔德全体大会上出现以来，白拉克同他的不伦瑞克和沃尔芬比特尔的亲密战友便努力同他们保持不断的接触。计划于1869年7月11日在不伦瑞克举行的工人庆祝大会，预定为最近的一次聚会。大会议程是，作为民主要求的共和国和作为经济要求的社会主义以及讨论第一国际的意义。通过第

"如果我们和其他工人政党发生争斗，那么这将是我们的耻辱！"

一国际不伦瑞克－沃尔芬比特尔支部，邀请了李卜克内西或代表他的倍倍尔出席。

然而，庆祝大会没能举行。施韦泽反对大会的议程，并对邀请李卜克内西一事加以干预。接着，便是他的政变。

现在必须作出抉择。白拉克毫不犹豫。他决定反对拉萨尔分子的宗派，主张创建一个真正革命的工人政党。

"只有团结起来，工人才是一股力量！"

1869 年 6 月 22 日晚，即知道施韦泽发动政变后的第四天，李卜克内西、倍倍尔、白拉克、布雷默尔、施皮尔和约尔克在马格德堡会晤。意见久久不能统一。究竟应该像白拉克和布雷默尔打算的那样，立即同施韦泽分道扬镳，退出全德工人联合会呢，还是像施皮尔和约尔克认为的那样，仍然有可能从内部对全德工人联合会进行改革？

"最后我们一致了，"倍倍尔就这一具有深远意义的会晤叙述说，"杰出的白拉克伏在旅馆客厅里的弹子台上抄写一篇宣言，然后为了这个宣言征集召开一次代表大会的签名，这时已经半夜。我们把宣言又彻底详细地讨论了一遍，到将近三点钟才就寝。"[1]

6月26日，威廉·李卜克内西领导的《民主周刊》发表了白拉克撰写的宣言《致全德工人联合会会员》。白拉克最强烈地谴责施韦泽的阴谋，并向他迄今的战友声明：

"我们受一种思想的指导，即只有党自己能够决定它的组织，此外还受一种思想的指导，即要造成德意志社会民主党工人的团结，以及职工会的团结，我们决定在最近期间召开一个德意志社会民主党全体工人的代表大会，在这个会上就能奠定与国际运动相结合的党的真正民主组织的基础。同志们，我们指望你们的支持！

"只有团结起来，工人才是一股力量！分散开来，我们就永远是我们敌人的笑柄，但是统一和真正民主地组织起来，我们就是不可战胜的。"[2]

根据倍倍尔的提议，德国工人协会联合会执行委员会决定同意白拉克及其战友们的宣言。由于倍倍尔和李卜克

---

[1] 奥古斯特·倍倍尔《我的一生》生活·读书·新知三联书店1978年版第2卷第65页。

[2] 奥古斯特·倍倍尔《我的一生》生活·读书·新知三联书店1978年版第2卷第67页。

内西事先做了工作，从纽伦堡起，各个方面都表示赞同。其他地方的全德工人联合会领导成员，如汉堡的奥古斯特·盖布、威斯巴登的莱昂哈德·冯·邦霍尔斯特，从此以后也同施韦泽决裂，加入了争取建立社会民主工党的斗争。

1869年7月17日，《民主周刊》发表了全德工人联合会前会员、德国工人协会联合会会员以及第一国际在日内瓦的德国支部和各分散的小组关于召开爱森纳赫代表大会的联合宣言。即将建立的党的旗帜上将写上：开展反对资本权力、反对国家反动派的斗争，拥护无产阶级国际主义。

由倍倍尔和李卜克内西领导的德国工人协会联合会的无产阶级多数，第一国际德国各支部的积极成员和以白拉克为首的全德工人联合会前反对派成员乃是创建革命的德国工人党的中坚力量。当然，这还不是全德工人联合会中走阶级政党这条路的多数，但是，他们是联合会中最出色的、最有能力的力量。弗兰茨·梅林在他对反对派的评价中特别强调了这一点："虽说他们的人数不满一千，可是他们之中有很多在有组织的阶级斗争中经过考验和锻炼的人物。"[1] 就连《社会民主党人报》也不得不承认："我们失去了一定数量的所谓'领袖'，没有关系！他们将被替换。难道损失果真如此大吗？唯一值得一提的损失也许是不伦瑞克的白拉克先生。"[2]

白拉克同倍倍尔和李卜克内西一起着手组建新党的巨大工作。他开始同国际的成员建立联系，请求他们给予政治上和财力上的支持。在白拉克的积极参与下，1869年6月22日马格德堡大会和7月6日不伦瑞克大会讨论了建党的两个重要宣言。除了倍倍尔、李卜克内西和盖布外，参加爱森纳赫成立代表大会筹备与召集工作的首推白拉克。

1869年8月7日，全德社会民主工党代表大会代表在爱森纳赫集会。但是，会议一开始并不是没有困难的，因为施韦泽设法使100多名拥有代表证的全德工人联合会的代表在爱森纳赫出现，以便扰乱大会的正常进行和阻止党的成立。

8月7日下午3时，在原定会址"金狮"大厅的预备

---

[1] 弗兰茨·梅林《德国社会民主党史》生活·读书·新知三联书店 1965年版第3卷第350页。

[2] 《社会民主党人报》1869年7月2日。

会议上，白拉克一开始就向代表们提出警告，要防备施韦泽的追随者进行预谋的破坏活动。果然，在晚上的开幕式上，出现了破坏活动，以致会议不得不中断。夜里，倍倍尔、白拉克和盖布对代表进行了资格审核，施韦泽派来的人被剥夺了继续参加讨论的资格。

8月8日10时，盖布在"摩尔人旅馆"宣布大会开幕，于是，大会开始了它那富有历史成果的工作。大会议事日程上的第一项是倍倍尔关于德国社会民主党的纲领和组织的报告。其他各项内容是：同第一国际的关系、党的机关报以及职工联合会对党的态度。

威廉·白拉克被选为资格审查委员会的成员，活跃于大会内外。他在自己的发言中特别注重进行系统的、统一的社会民主党鼓动，以便把党的思想灌输到工人阶级中去。

白拉克积极参加党的民主建设。鉴于联合会主席在全德工人联合会中独裁统治的教训，白拉克在爱森纳赫成立大会上坚决反对任何个人崇拜。"我们不需要任何个人突出"，他非常着重地强调说，"我们需要的只是一个执行机构。运动的力量必须植根于广大党员群众中，而不是靠以这种或那种特性而显露头角的两三个杰出个人……请别再把党的力量寄托于个人的突出上！我们对此曾表示过同意——我们在全德工人联合会中多年来曾热衷于突出个人，对其作过让步，但是，我们却因此**铸成大错**，我承认这一点！"①

经过一天半的讨论，盖布宣布，对纲领和组织问题作出了决议，并且在代表的热烈掌声中宣布社会民主工党的成立。

社会民主工党因其诞生的地点，也经常被称作爱森纳赫党。由奥古斯特·倍倍尔制定的党的纲领旨在铲除阶级统治和资本主义的生产方式；其主要部分是以第一国际的原则为根据的。纲领包括党的信条——忠于无产阶级国际主义，而就德国结社法所允许的范围而论，该党自视为国际工人协会的一个分会。纲领要求建立自由的人民国家。由于这种科学上并不准确、在当时鼓动中又广为流传的概念，这一要求被说成是建立民主共和国。争取民主自由的斗争在纲领的第三部分中，反映在诸如扩大平等、直接和秘密的普选权和扩大出版、结社自由这样一些要求上。

---

① 《1869年8月7、8、9日爱森纳赫全德社会民主党工人代表大会讨论记录》，载《1872年莱比锡叛国案》（由卡尔－海因茨·莱迪希凯特1960年于柏林重新出版）第493页。

　　纲领确实也还包括一系列含糊不清的、庸俗社会主义和带有拉萨尔主义色彩的提法，如之前已提及的要求自由的人民国家，要求由国家帮助建立生产合作社，或者要求给予每个工人"不折不扣的"劳动所得。这些含糊不清的提法一部分应算在全德工人联合会前会员的账上，但是，这同时也说明，社会民主工党的大多数领导人本身对马克思主义还没有足够的认识。不过，这些令人产生错觉的提法决定不了纲领的性质，纲领基本上是建立在科学共产主义基础上的。民主的组织结构乃是纲领卓有成效的补充。这一组织结构同拉萨尔的组织原则和在全德工人联合会中培植起来的个人崇拜是格格不入的。章程的立足点是民主集中制原则。最高机关是党的代表大会。在大会休息期间，党的领导属于由选举产生的、居住在同一个地方的党员组成的党的委员会，它隶属于党代表大会，受另一个地方选举产生的监察委员会监督。迄今由李卜克内西领导的《民主周刊》被指定为党的中央机关报，如今，代表大会决定在李卜克内西和倍倍尔的领导下，以《人民国家报》的报名在莱比锡出版。

　　自从"共产主义者同盟"成立以来，随着爱森纳赫党的诞生，一个革命的工人政党再度在德国出现了，尽管纲领中还存在着缺点。该党忠于马克思和恩格斯的指示，为争取工人阶级摆脱压迫和剥削而斗争；它坚决反对普鲁士军国主义，主张完成资产阶级民主革命，争取统一、民主的德意志共和国。

爱森纳赫党的成立，其意义恰恰在于创建了一个为反对容克地主和大资产阶级而斗争的党。于是，一个真正的民族政党产生了，革命的力量形成独立的无产阶级阶级政党。党越来越依靠马克思主义，从而为德国工人运动的完全统一奠定了基础。爱森纳赫党的成立并不像部分资产阶级和右翼社会党的历史学家所断言的那样，是德国工人运动分裂的开始；相反，爱森纳赫党的成立乃是工人阶级统一的起点和重要的一步。这种统一的根据是马克思主义的坚定基础。

爱森纳赫党是在马克思主义基础上发展起来的，公开拥护无产阶级国际主义。不言而喻，掌握作为党的理论和政治基础的马克思主义要有一个过程，但是，毋庸置疑的是，党自成立之日起便试图用马克思主义的理论来解决一切重要的阶级斗争问题；它依据的是工人阶级的革命理论。

爱森纳赫党代表大会选择不伦瑞克 – 沃尔芬比特尔为

党的委员会所在地。这是党代表大会的代表对于白拉克及其不伦瑞克和沃尔芬比特尔的同志们在创建爱森纳赫党的过程中作出的卓越贡献所给予的高度评价。同时，代表们以对这些前拉萨尔分子的莫大信任证明，他们希望能为社会民主工党争取到更多的全德工人联合会会员。最后，选择不伦瑞克－沃尔芬比特尔还有另外一个更深刻的政治方面的原因。李卜克内西要求党必须把它的战斗阵形面向北面，面向普鲁士，面向这个一切争取自由之努力的最凶恶的敌手和民主统一德国的最大的敌人。他在爱森纳赫大会上直截了当地把这一政治观点作为任务提了出来。

白拉克在年轻的党的领导中占有突出的地位。在1870年斯图加特党代表大会上，不伦瑞克再次被选为党的委员会的所在地，所以长期以来，他与邦霍尔斯特、施皮尔、屈恩和格拉勒一起站在党的斗争最前列。白拉克由于对马克思的《资本论》有着在当时来说较为深刻的了解，特别是由于他坚决反对施韦泽的独裁以及致力于党的民主组织结构，从而赢得了党员们的信任。

如同社会民主工党的成立对德国工人运动是一个重要的开端和新的起点一样，它在威廉·白拉克的一生中也揭开了新的一页。

在 1869 年爱森纳赫代表大会召开之前，威廉·白拉克经历了一段漫长的道路。他经历了 19 世纪 60 年代初支持穷人和被剥削者的资产阶级民主体操协会运动，加入过全德工人联合会。这条道路最终的决定性一步是在全德工人联合会中反对派的发展，直至 1869 年 6 月组织上的决裂。在 1869 年 8 月的日子里，当白拉克与倍倍尔和李卜克内西一道成为德国社会民主工党的创始人时，他的政治活动达到了前所未有的顶点。从这时候起，他的全部生活，他的思想和感情同革命的德国工人党的命运不可分割地联系在一起了。

白拉克在德国工人运动中迄今走过的道路上跨越了重重障碍，他成功地克服了最困难的障碍，掌握并创造性地运用了马克思主义，以利于革命的德国社会民主党的发展。

"我最亲爱的"

对威廉·白拉克来说，1869年不但是他在政治方面作出重要抉择的一年，而且也是他个人生活环境发生显著变化的一年。

尽管白拉克在青年时代就已完全献身于他的政治理想，献身于社会生活，并时刻准备为所追求的目标作出最大的个人牺牲，然而，他确实也曾希望有一个能给他带来爱，带来温暖，并能理解他的人，只要有了这样一个人，就能帮助他克服最困难的处境。白拉克发现艾米莉·瓦尔特——埃舍豪森一位木匠师傅的女儿——是自己情投意合的伴侣，她在以后的十年里与白拉克分享了甘苦。

附带说一下，体操消防队对他们的相识起了一定作用。1865 年不伦瑞克皇宫失火，在大规模的救火中白拉克得了重感冒（这场感冒的后遗症一直拖累他到去世）。在探望他的来访者中有一个年轻姑娘，白拉克对她十分钟情，后来越来越感到自己被她深深地吸引住了。1869 年 1 月 25 日，威廉·白拉克同艾米莉·瓦尔特结婚，他深情地称她为"我最亲爱的"。

他俩第一个孩子是个小女孩，只活了五个月，孩子的夭折使年轻的夫妇不胜悲痛。除了个人的忧伤外，1870 年秋，政治上的恐怖使白拉克离开家庭去坐牢，直到 1871 年春。他的儿子海尔曼适逢此时降生。然而，他那年轻的妻子并未失去勇气，而是镇定自若。她在丈夫反对普鲁士－德意志军国主义、反对资产阶级和容克地主掠夺劳动人民的艰苦斗争中，同丈夫的心是紧紧相连的。她懂得与自己丈夫的同志，特别是与这些同志的妻子同舟共济——她们像她一样，不得不忍受着同样的痛苦。她同倍倍尔的妻子、李卜克内西的妻子已经成了莫逆之交。

白拉克的家庭后来又添了第二个儿子奥托、两个女儿伊达和玛尔塔。抚养孩子和照料双亲对这一对年轻夫妇来说担子并不轻。白拉克除了他负责的那些政治活动外，还肩负着父亲的商店和他自己在 1871 年开设的小威廉·白

拉克出版社的重担。

必须绕过许多财政上的危险礁石。尤其是1869年柏林卷烟工人生产合作社倒闭的恐怖的幽灵，使白拉克的商业处于毁灭的边缘。他被弗里德里希·威廉·弗里茨舍（一个摇摆于拉萨尔派和爱森纳赫派之间的工会领导人）说动了，为弗里茨舍在柏林创建的"德国卷烟工人公司"提供财政担保。由于弗里茨舍领导不负责任，公司营业状况很差，在1870年不得不解散。此事给白拉克造成了重大损失。从白拉克当时给恩格斯、倍倍尔和李卜克内西的信中可以清楚地看出他的忧虑。1869年11月28日，白拉克在写给李卜克内西的信中就流露出不胜感叹的心情，他写道："要是我们刚度过12月中旬，那该有多好多幸运啊！这至少对于我来说是一个困难时刻，我正眼睁睁地看着它的到来。柏林的公司很难再筹措到现款，到那个时候，还有1700塔勒将到期。老天怎么不保佑保佑啊！——我的现款如今还有600塔勒。糟糕的是，这件事对我那虚弱多病的父亲又将是一个打击。只要结局不是太糟，我真情愿听凭魔鬼的使唤。诚然，这会使我受到一些损害，并瓦解我的力量，尤其是我的精神力量。不过，我不想使您伤心；我们不是已经从魔鬼的手掌中摆脱出来了吗？我们绝不会再待在这罪恶的渊薮中了！我始终相信我的好运气！"[1]

白拉克同奥古斯特·倍倍尔关系尤为密切。他们之间很快就无话不说。完全可以理解，备受忧虑压抑的白拉克向倍倍尔倾诉衷情，并带着几分遗憾的口吻向他的朋友问道："你读过莱辛的传记吗？他在一个较长期间是多么轻浮！我常盼望着，也能够轻浮一下，可是难以办到。环境把我束缚在我这辛勤的、严肃的，简直是庸俗的生活上！天生的快乐情调在我实在是非常少的。"[2]

在以后的岁月里，白拉克同样也为经商所困。他的出版社，一个需要不断补贴和极少赢利的事业，常常给他出难题。多年以后，倍倍尔还能清楚地回忆起白拉克是如何饱尝那做买卖的奴隶之苦的："我很诧异，他虽有不少烦恼而仍保持着愉快心情。"[3]

尽管承担多方面的压力，白拉克仍设法教育自己正在

① 格奥尔格·埃克尔特《不伦瑞克工人运动的开端：未发表的白拉克书信》不伦瑞克 1955 年版第 22—23 页。

② 奥古斯特·倍倍尔《我的一生》生活·读书·新知三联书店 1978 年版第 2 卷第 90 页。

③ 奥古斯特·倍倍尔《我的一生》生活·读书·新知三联书店 1978 年版第 2 卷第 277 页。

成长着的孩子们（他对孩子怀有满腔的爱），在生活的道路上去认识世界。这种教育使孩子们看到了伟大的社会斗争，在他们心中激起了对自然科学和技术进步的必然性的认识以及这种进步对争取工人阶级解放的意义的认识。他对孩子们的教育是以他自己青年时代的梦想为目标的。

白拉克使孩子们熟悉新的发明：电灯、电话和莫尔斯电报机，并在家里布置起一间被戏称为"实验室和天文台"的技术和天文研究室。白拉克宁肯牺牲他那不多的闲暇时间而钻到这里来，致力于探究自然科学的爱好。一篇篇短小的自然科学论文就是这一研究的成果，如发表在1876年《人民历书》上的《光谱》和刊登在1878年党的历书《穷康拉德》上的《天空》。白拉克为工人们写了这些小文章，以便他们了解自然现象及其规律。因为他认为，他的业余爱好唯有同样造福于他人才显得有意义。

"……一个可爱的人"

对于威廉·白拉克来说，1869 年是个诸事纷繁的年头。就政治和私人生活中所有重要的决定而言，1869 年秋天给白拉克带来了他终生难以忘怀的一件事：真正意义上同卡尔·马克思结识。

卡尔·马克思自 9 月中旬至 10 月初同女儿燕妮住在汉诺威他朋友路德维希·库格曼的家里。在这些日子里，马克思同为了跟他商量问题而访问他的德国工人进行了多次谈话。不伦瑞克党的委员会也提出来访的要求。9 月 30 日，马克思告诉他的朋友恩格斯："星期天将有一个代表团从不伦瑞克来这里：白拉克、邦霍尔斯特和施皮尔。这对

我是不那么愉快的。"①

开始时，马克思对于来访一事显然并不十分热心，因为他推测，不伦瑞克的代表是拉萨尔分子，尽管他们也加入了社会民主工党，却想在新建的党内传播拉萨尔主义。但是，马克思在同他们的谈话中确信，不伦瑞克党的领导人是认真对待无产阶级解放事业的，是拥护国际工人协会的。

同自己高度评价的《资本论》的作者马克思结识，给白拉克留下了深刻的印象。当时，白拉克仰慕的不仅是一位科学家和革命者，主要的还是马克思其人，是他那对待德国同志的态度和举止。关于这次对马克思的访问——这是唯一的一次个人接触——白拉克给倍倍尔和李卜克内西写了封热情洋溢的信。

1880 年才结识马克思的倍倍尔从白拉克那里收到了详尽的访问报告，并且在他的回忆录中作了进一步说明："白拉克因会晤了马克思而非常欢喜；他写信给我说，他是'一个可爱的人'，他们二人非常融洽。"②而李卜克内西

---

① 《马克思恩格斯全集》第 32 卷第 356 页。
② 奥古斯特·倍倍尔《我的一生》生活·读书·新知三联书店 1978 年版第 2 卷第 90 页。

对白拉克叙述的答复是："这么说，你们喜欢马克思。我很高兴。马克思同样也喜欢你们。"①

要说白拉克在这次访问中被一种什么魅力所折服，那肯定是夸大其词②，尽管他对此行留有十分深刻的印象。白拉克不仅是一个富于幻想的人，他还是一个聪明而又勇于探索的人。在以后的年代里，反映在白拉克身上的对马克思的忠诚，对这位科学共产主义创始人的崇高敬意，并不是表现在迷恋上，而是表现在他通过对马克思和恩格斯著作的学习认识到，唯有这些著作正确地表达了无产阶级的阶级利益，指明了工人阶级解放的道路。

如果说白拉克通过这次访问已经赢得马克思高度的信任，以至于从这时候起就被看作"伦敦人"的亲信，那也是不符合实际的。言语和热情并不能赢得马克思和恩格斯的信任，必须通过行动和知识去争取。因此，以马克思和恩格斯为一方、以白拉克为另一方之间真正亲密无间的信任关系是在以后的岁月里产生的，尽管他们的友谊在见面之后通过书信往来继续发展和巩固。

---

① 《1872年莱比锡叛国案》第78页。

② 格奥尔格·埃克尔特《威廉·白拉克和不伦瑞克工人运动的开端》不伦瑞克1957年版第5页。

　　白拉克越来越受到马克思和恩格斯的信任，是在德法战争期间，尤其是在色当战役后战争的第二阶段，更为主要的是由于他在 1873 年批判了拉萨尔关于由国家帮助建立生产合作社的要求以及他对 1875 年妥协性的哥达纲领所持的否定态度。

　　马克思、恩格斯和白拉克之间的友好关系（这种关系自从 19 世纪 70 年代中期以来生动地反映在他们的通信中，并一直持续到白拉克的生命终止），乃是白拉克为在德国工人运动中捍卫和传播马克思主义理论所进行的不屈不挠的斗争的结果。

在不伦瑞克党的委员会中

　　威廉·白拉克在不伦瑞克党的委员会中再次承担起理财的责任。毋庸置疑，一丝不苟地管理好财务，对于年轻的工人政党来说显得尤为重要，几乎成了生死攸关的问题，特别是因为当时的财政状况并不令人乐观。有鉴于此，白拉克向朋友们和同志们，向国际的知名成员发出许多求援呼叮，其中包括也在为第一国际的财政状况所苦恼的马克思和恩格斯。

　　恩格斯在早期给白拉克的一封信中特别赞赏他的理财有方，信中突出表明，白拉克是如何严肃认真地对待他那艰巨的任务的，并且强调，有条不紊地管理好工人的钱财对于维护整个党、维护党员对领导的信任具有多么重大的政治意义。恩格斯 1870 年 4 月 28 日写道："详细确切的

现金出纳报告使我非常高兴。在英国这里，我亲眼看见，吸引工人参加运动和建立工人组织的许多尝试，都由于出纳和会计工作失当而遭到了失败，并且经常被谴责为盗用公款等等，尽管这种谴责有的罪有应得，有的则未必符合事实。因此在这方面，我可以认为我对这个问题的重要性的看法是内行的。工人拿出每一文钱都不容易，因此他们完全有权了解，这一文钱究竟干什么用了——当然，直到他们需要建立秘密基金和这种基金建立起来以前，他们都有权这样做。自从在德国也出现了无耻的鼓动家们剥削工人的现象以后，我认为财务公开恰恰在德国是一件特别重要的事。说什么公布这种现金出纳报告我们就会把我党的弱点暴露给敌人，这不过是一种无聊的托词罢了。如果敌人想根据工人政党特有的弱点，即根据工人政党的财务状况来估计它的力量，那他们是肯定要失算的。"①

然而，白拉克并不仅仅限于担任一个同志们所戏称的"财政部长"，他的工作极为广泛。鉴于他具有多年的实际经验和理论知识，鉴于他在创建社会民主工党时建立的特殊功绩，白拉克乃是委员会的实际首脑。在最初的艰难岁

---

① 《马克思恩格斯全集》第32卷第666页。

月里，他站在党的前列。在巩固党的内部，在争取新的支持者和加强党对工人的影响上，他的实际组织工作是多方面的。

白拉克对于为第一国际争取新成员的工作极为关注。对他来说，第一国际已经成为国际范围内阶级运动的化身。整个说来，委员会对关于土地问题的巴塞尔决议和对巴枯宁的阴谋所持的态度，远远超过第一国际的期望。

在 1869 年 9 月 6 日至 11 日第一国际巴塞尔代表大会上，绝大多数代表——其中也包括德国代表威廉·李卜克内西和赛米尔·施皮尔——投票赞成下述决议：社会有权废除土地私有制、并使之过渡到公有制，而且这一转变是必然的。这一决议的通过标志着国际工人协会的社会主义原则得到了确认。

承认关于土地问题的决议案，必然进一步促进工人运动彻底独立于小资产阶级民主派。同时，它为吸引农村无产阶级加入工业无产阶级的斗争提供了现实基础，此外，还为同全体劳动农民结成联盟做了准备。威廉·白拉克和整个党的委员会声明同意巴塞尔决议，他们清楚地认识到决议的社会主义性质，并对此表示欢迎。党的委员会通过这一表示拥护的行动和准备，立即发动社会民主党在农村

进行一次特别鼓动，证明了委员会所持的无产阶级革命立场。这也可以说明白拉克始终特别认真地对待农村鼓动的出发点。

诚然，承认关于土地问题的巴塞尔决议在爱森纳赫党内并不是一帆风顺的。争取贯彻决议的斗争，由于奥古斯特·倍倍尔的突出贡献和党的委员会的积极态度，尽管开始时遭到李卜克内西的反对（他还想避免同小资产阶级民主主义的人民党彻底决裂），终于取得了圆满成功。社会主义的原则在党内取得了胜利。同人民党一刀两断了。接着，在1870年召开的斯图加特党代表大会上，爱森纳赫党一致维护巴塞尔决议。于是，年轻的党在其政治意识形态的发展中迈出了重要的一步，巩固了自己的组织。

不伦瑞克党的委员会在反对巴枯宁的斗争中全力支持马克思，它是抱着对国际无产阶级的明确责任感而采取行动的。巴枯宁的无政府主义对国际工人运动的发展乃是一大危险。宗派主义、冒险政策、阴谋和派别分裂活动都被巴枯宁带到工人运动中来了。巴枯宁主义成了国际及其总委员会的主要危胁。

白拉克通过马克思在汉诺威的朋友路德维希·库格曼收到马克思1870年3月28日发出的国际工人协会总委员

会《机密通知》以及有关巴枯宁密谋的重要通报。于是，党的委员会为了在德国土地上对巴枯宁分子及其控制国际的企图展开针锋相对的斗争，提议美因茨作为国际下一届代表大会的会址。这是对国际工人协会总委员会的巨大声援。但是，德法战争的爆发阻碍了代表大会的召开。接着，在1871年伦敦代表大会上，特别是在1872年第一国际海牙代表大会上，巴枯宁的阴谋得到了清算。在国际内部这场大辩论中，马克思得到了白拉克的有力援助。白拉克在以后数年中，通过他的出版物，通过实际政治工作和理论辩论，积极支持了反对巴枯宁主义的斗争。

然而，使成立不到一年的爱森纳赫党面临一场严峻历史考验的首先是德法战争和巴黎公社。在对待这一历史事件的态度上，必须表明，党作为一个整体以及党的领袖是否能够真正认识到无产阶级的民族利益和国际利益，并且坚决捍卫之，并在多大程度上能够真正认识到无产阶级的民族利益和国际利益，并且坚决捍卫之。

"同法兰西共和国缔结光荣的和约"

　　1866 年对奥地利的战争以后，德国的统一经过"自上而下的革命"，经过"铁和血"，达到了最后阶段。俾斯麦为最终统一德国采取的方针是，发动一场反对波拿巴主义法国的战争。俾斯麦指望反法战争的胜利能一举获得两个结果：一是制服德国国家统一的主要外敌拿破仑三世；二是迫使还不驯服的南德各小邦屈从于普鲁士的领导。这样，就再也没有什么可以妨碍霍亨索伦王朝在德国赢得胜利，从而使德国全部融化在普鲁士的兵营里。这就是俾斯麦的打算。借助那人所共知的、臭名昭著的"埃姆斯电报"，俾斯麦挑动拿破仑三世的法国政府开了战。

　　法国对欧美的外交政策前不久遭到了失败，内部的反抗活动与日俱增，这一切严重地动摇了拿破仑三世的统治。拿破仑三世面对内外政策的破产，同样也采取了发动战争的方针，以便通过对外政策的成功来巩固其摇摇欲坠的宝座。他绝对不能容忍普鲁士的势力继续强大、北德意志联邦的扩大和德国的最终统一。如果拿破仑三世不想危及自身的统治，他必须用宣战来回答俾斯麦的巧妙伪装。俾斯麦的算盘打中了。

法国的宣战首先意味着破坏德国的统一，而德国的统一乃是一种历史的必然，而且德国人民也是这样感觉的。因此，恩格斯有理由断言，俾斯麦在这几个星期里，"实际上有人民作为后盾，因为人民目睹双方进行的种种外交欺骗之后，只看到了这样一个事实：这是一场不仅为了莱茵河地区，而且为了民族生存而进行的斗争"①。

德法战争和巴黎公社使德国工人运动面临着一系列问题，在这些问题面前，德国工人运动必须证明自己业已成熟。

德法战争具有民族利益和王朝利益交错在一起的复杂性，它要求德国工人政党一方面必须清楚地认识和捍卫同无产阶级利益一致的德国的民族利益，另一方面又必须承

---

① 《马克思恩格斯全集》第28卷第488页。

认德国和法国的无产阶级的共同利益，划清王朝利益的界限并谴责战争的第二阶段，即1870年9月2日色当战役后的兼并战争。

巴黎公社要求无产阶级的革命政党明确承认无产阶级国际主义和无产阶级革命。通过俾斯麦实行的自上而下的统一建立起来的新帝国，促使党必须对普鲁士－德意志军事国家表态。

爱森纳赫党出色地经受了历史在党诞生后几乎立即向它提出的这一重大考验。恩格斯自豪地写道："早在1870年德国工人就曾面临一场严峻的考验，即波拿巴的战争挑衅及其自然的结果——德国普遍的民族激情。德国社会主义的工人一刻也没有被人引入迷途。他们没有被卷入民族沙文主义的狂澜。当举国若狂地沉醉于胜利时，他们保持了冷静，要求同'法兰西共和国缔结公正的和约并且不要任何割地'，就连戒严状态也不能迫使他们沉默。不论是战争的荣耀，还是关于德意志'帝国壮丽辉煌'的废话，在他们中间都得不到响应，他们唯一的目标始终是整个欧洲无产阶级的解放。我们有充分的理由可以说，到现在为止还没有另一个国家的工人如此出色地经受过这样严峻的考验。"①

但是，对于德国工人运动来说，要在这样一种困难的政治形势中认清方向绝非易事。党的委员会和社会民主工党的成员十分清楚，尽管有战争，无产阶级国际主义的旗帜还是必须高高举起。德国最优秀的工人在许多集会上表示，要同他们法国的阶级同志团结在一起。工人们在决议中强调德国工人和法国工人利益的一致性，并且谴责王朝战争。在工人队伍中没有民族主义的狂热，没有沙文主义的煽动，一致拥护无产阶级国际主义。然而，在评价战争的性质和确定党的相应的立场时，却出现了较大的困难和不同的意见。

党应该采取什么态度？党是支持战争，宣布保持中立，还是反对战争？要求作出决断的问题一个接一个。在不伦瑞克党的委员会内部，白拉克和希望最好能立即掀起一场世界革命的邦霍尔斯特之间，以及委员会和两个莱比锡人倍倍尔与李卜克内西之间，出现了激烈的辩论，这并不奇怪。

党的委员会在白拉克的决定性影响下，正确地认识

---

① 《马克思恩格斯文集》第 2 卷第 216 页。

到，必须把反对法国的战争首先看作一场民族保卫战。在
1870年7月16日和24日不伦瑞克两次大规模的集会上，
白拉克阐述了自己的意见，声明为了德国的统一利益，必
须支持反对波拿巴主义阴谋的民族运动，并且对工人运动
提出了明确的目标：建立一个统一的、民主的民族国家。
在这一点上，不伦瑞克党的委员会赞同《国际工人协会总
委员会关于普法战争的第一篇宣言》。不过，党的委员会
并没有以鲜明的态度同普鲁士的王朝利益划清界限，因而
认为，倍倍尔和李卜克内西在帝国国会关于战争拨款的表
决中弃权一事是策略上的错误。

但是，在这种时刻弃权完全没有错，相反，正如马克
思写的那样，是"一个勇敢的行动"。弃权表示同沙文主
义划清界限，然而，这并不意味着要在日后把工人政党同
整个民族运动隔离开来。因此，在随后的几天和几个星期
里，在委员会和这两个莱比锡人之间发生了激烈的辩论。
特别是李卜克内西，在评价第一阶段战争的性质时，仍然
拘泥于他在长年政治斗争中形成的对普鲁士的仇恨。他认
识不到反对波拿巴主义威胁的战争所具有的民族自卫性
质，看到的只是王朝的因素。爱森纳赫党的领导成员之间
在围绕评价这些问题上产生的激烈争论，使所有参与争论

的人感到心情格外沉重，因为他们前不久曾为党的成立共同出过力，而今看到的却是党的生存面临着危险。

虽然他们之间存在意见分歧，但是白拉克对倍倍尔和李卜克内西在帝国国会里的举动还是赞赏的，他在 1870 年 9 月 1 日给奥古斯特·盖布的信中这样写道："他们的举动也有好的一面，那就是，施韦泽分子在他们头头那里看到了对于'为了普鲁士国王'这一口号所表现的盛怒，而在我们方面看到的则是对原则的信守不渝。我们不能不承认他们（倍倍尔和李卜克内西）这一点；只是他们的行动十分不切合实际，并且忘记了，党的原则并不排除参与民族事务，相反，要实现党的原则非得考虑民族事务不可。"①

一年以后，当白拉克谈到他的动机时，相当深刻地阐述了整个形势的复杂性：

"早在 7 月 16 日，我们这一方在不伦瑞克体育大厅举行的群众大会上就表示（尽管怀着沉重的心情），反对拿破仑的战争是必要的。我们把拿破仑看作自由的大敌，是欧洲的祸根。况且我们认为，从德国方面来讲，这场战争是一场纯粹的自卫战。以后我们认识到，推翻拿破仑的意

---

① 威廉·白拉克《不伦瑞克委员会》第 142 页。

义只不过是在反对真正民主发展的敌人方面换个角色而
已；后来我们才发现，当时，战争在德国方面还是在法国
方面最受欢迎，至少还是个问号。战争爆发时，我们考虑
到两种因素：

"第一，一旦战争（德国方面对此是全力以赴的）导
致法国皇位的崩溃，法国的民主就会得到更自由的发展
余地；

"第二，德国的民族思想一定会借助这场战争的机会
得到突飞猛进的发展。德国的统一在这一发展中也许会在
人民的参加下和在社会民主党工人的影响下得以实现，此
后，'民族问题'不再会对自由的、社会民主的伟大运动
产生干扰和阻碍作用。

"我们怀着这种想法，认为我们在国会的党内朋友所
发表的声明是错误的，尤其是由于民族运动形成了非同一
般的力量和深度，我们有理由担心，一旦社会民主运动同
民族运动对立起来，前者就有可能暂时完全被后者所吞
噬，这个声明就更是错误的了。我们明白，民族一致性的
思想能够振奋一个民族。既然人民不能通过自己的主动性
建立起具有自由的统一，那么看到亟待解决的统一问题终
究得到了解决，这无论如何也是一个进步，因为它替远为

重要的社会民主党的工人运动开辟了完全自由的道路。"①

　　这便是白拉克的基本立场——既有积极的一面，也有其不足的地方。他十分正确地看到德国的统一同工人运动发展的必然联系。他把统一看作在全民族范围内发展工人运动的必要前提；单单就这一点来说，工人运动就脱离不了民族运动。此外，他还希望，由于工人运动的参与能够在民主意义上实现民族的统一。他同恩格斯的看法完全一致，后者在1870年8月15日就民族的统一对德国工人运动的意义向马克思谈了他的看法："德国已被巴登格卷入争取民族生存的战争。如果德国被巴登格打败了，那么，波拿巴主义就会有若干年的巩固，而德国会有若干年、也许是若干世代的破产。到那时，就再也谈不上什么独立的德国工人运动了，到那时，恢复民族生存的斗争就将占去一切，德国工人充其量也只能跟在法国工人后面跑。如果德国胜利了，那么，法国的波拿巴主义就肯定要遭到破产，关于恢复德国统一的无休止的争论就将最终平息，德国工人就能按照与过去截然不同的全国规模组织起来，同时，不管法国出现什么样的政府，法国工人无疑将获得比在波

---

① 威廉·白拉克《不伦瑞克委员会》第2—3页。

拿巴主义统治下要自由一些的活动空间。包括各个阶级在内的德国全体人民群众已经认识到，问题首先正是在于争取民族生存，因此，他们立即投入了这场斗争。在这种情况下，一个德国的政党要按照威廉的那一套去宣传全面抵制，并把形形色色的次要的考虑置于主要的考虑之上，我认为是不行的。"①

白拉克在德法战争中是按照这些马克思主义原则行事的。对他来说，眼前的民族要求和无产阶级的国际主义义务之间并不存在矛盾。因此，当倍倍尔和李卜克内西对白拉克的看法批判越来越尖锐时，他也向奥古斯特·盖布断言：

"李卜克内西对形势的理解，乃至你们对形势的看法，我们认为不但是原则上的错误，而且也是策略上的极大错误。我们之所以认为这是原则上的错误，是因为我们无法想象，有人怎么竟能因为自己的合理的国际主义立场而想**否认民族**立场。如果说过分的民族情感，如对祖国怀有过分狭隘的爱（地方分立主义），应该受到谴责，那么，过分的世界主义同样也应该受到谴责。②而在这三者之间恰恰必须建立一种必要的和谐。国际主义思想只能在各个民

---

① 《马克思恩格斯文集》第 10 卷第 340 页。
② 这三件东西都是合理的。

族之间实现。

"这里还需要指出的是，因为各民族争取民族统一的努力是合理的，所以这种努力在未达到目的之前，总是不可避免地干扰以无产阶级为一方和以资产阶级、反动派为另一方的真正斗争和对立……

"但是，最终毕竟到了对**民族的事业**表态从而为我们赢得影响的时刻。在如此**重要的事情**上，简单的否定等于**自寻死亡**！"①

在另一个地方，白拉克表示反对这样一种主张，即一个人不可能既具有民族性，又具有国际性，"即使法国工人和德国工人在国际上融合为一体，法国工人总还是法国人，德国工人总还是德国人，这好比一个木匠，当他除了关心他本行的利益外，也维护整个工人阶级的利益，但是，他仍不失为木匠。合理的民族思想只有当它仅仅为了自身而排斥其他时才败坏，同样，国际主义思想也应以民族为先决条件。只要一国人民还没有实现他们的民族思想，那么，为此而进行的努力就会扰乱以无产阶级为一方和以反动派与资产阶级为另一方的对抗——一场应该进行

_____

① 威廉·白拉克《不伦瑞克委员会》第5—6页。

的激烈斗争。"①

恩格斯和白拉克的阐述，其相似之处是不容怀疑的。白拉克和不伦瑞克委员会对民族利益和王朝利益之间的差别无疑强调得太少了，因此，在某种程度上，倍倍尔和李卜克内西对他们的批判也是有正当的理由的。白拉克自己承认了这一点，并且认为，把这场战争说成是一场具有"纯粹"自卫性质的战争乃是他立场的弱点。但是，总的来说，白拉克和党的委员会的立场是正确的，因为他们突出了问题的关键。他们的看法同马克思和恩格斯的看法十分接近。

在那些充满紧张气氛的七、八两个月的日子里，当全体卷入辩论的人为党的生存怀着深深的忧虑时，不伦瑞克党的委员会为了澄清这场争论，决定立即求助马克思，"他的卓越思想为他们中的每一个人所承认"②。

马克思和恩格斯应不伦瑞克同志们的请求，作出了专门指示，以帮助克服在参与民族运动问题上存在着的模糊看法。根据《国际工人协会总委员会关于普法战争的第一

① 古斯塔夫·迈耶尔《约·巴·冯·施韦泽和社会民主党》耶拿 1909 年版第 395—396 页。

② 威廉·白拉克《不伦瑞克委员会》第 7 页。

篇宣言》，他们建议：只要民族运动限于保卫德国，就必须参加，必须强调德国的民族利益和普鲁士的王朝利益之间的区别，坚决拒绝对阿尔萨斯—洛林的任何兼并，同共和主义的，而不是同沙文主义的法兰西政府缔结光荣的和约，始终强调德法两国工人的共同利益。

8 月的最后几天，这一重要的指示到了不伦瑞克委员会手里。"……在色当和巴黎的重大事件发生前没几天"，委员会"收到了一份关于政治形势的详细分析"，白拉克回忆起这封意义重大的信时说："这一封信以坚定的口吻和无可辩驳的理由反对兼并，赞成和平。它是促成我们写成那篇一度'声名狼藉'的宣言的真正动力。"[①]

迄今一直被掩盖在民族的光轮背后的德国大资产阶级和普鲁士军事容克的兼并企图日益明显地暴露出来。必须坚定不移地反对这一强盗倾向。白拉克也越来越清楚地认识到这一任务，并且从这时候开始把它列为首要任务。还在 1870 年 9 月 1 日，即色当战役前夕，白拉克就向奥古斯特·盖布表示："但是，如今变得十分必要的是，党，特别是委员会，应该声明反对兼并狂，反对仇视法国人和民

---

① 威廉·白拉克《不伦瑞克委员会》第 7 页。

族自大狂。德国方面进行的这场战争看来怀有拿破仑开始这场战争时怀有的同样不可告人的目的。我们必须声明表示反对。"①

白拉克在不伦瑞克自由派于1870年9月1日举行的集会上坚决反对自由派的狂叫胜利和对阿尔萨斯—洛林有计划有意识的兼并。他警告说，兼并阿尔萨斯—洛林引起的外交后果可能是激起整个欧洲在俄国领导下反对德国。白拉克依靠马克思的指示，同沙文主义和兼并，同普鲁士军国主义和德国大资产阶级的掠夺欲，进行了坚决的斗争。

色当战役的喧嚣声敲响了法兰西帝国的丧钟。1870年9月4日，共和国在巴黎宣告成立。缔结一项光荣和约的历史性时刻已经到来，但是，普鲁士的武人奸党和贪得无厌的德国资本家先生们却想把战争继续下去——丝毫不曾想到普鲁士国王的许诺：只对法国人的皇帝，不对法国人民作战。从此，决定战争进一步发展的，唯有统治阶级的掠夺和征服政策，再也谈不上什么民族自卫战了。这场战争已经变成了反对法国人民的非正义的掠夺战争。

———————————

① 威廉·白拉克《不伦瑞克委员会》第142页。

于是，形势发生了根本变化，它要求工人政党作出具有历史重要性的决定。如今，工人政党证明了自己在政治上是完全成熟的。爱森纳赫党一致反对继续进行战争。色当战役之后，白拉克自豪而又满意地指出："我们与我们的莱比锡朋友之间再也谈不到什么分歧了……必须反对兼并狂，反对继续进行战争，争取同法兰西共和国缔结公正的和约。"①

正当胜利的喧闹甚嚣尘上的时刻，不伦瑞克委员会发表了威廉·白拉克撰写的宣言《告全体德国工人！》。

宣言写道："同法国缔结光荣的和约是符合德国的利益的，因为一项可耻的和约无非意味着维持一种停战状态，这种状态将存在到法国重新感到自己有足够强大的力量洗刷这种耻辱为止。对德国工人来说，德国人民和法国人民之间利益一致已成为他们的神圣信念；他们只能把法国工人看作自己的兄弟，同样的命运和同样的努力使他们和法国工人联系起来。为法兰西共和国要求一项这样的和约，这首先是德国工人的职责。"②

---

① 威廉·白拉克《不伦瑞克委员会》第6—7页。

② 《马克思恩格斯和白拉克通信集（1869—1880年）》柏林狄茨出版社1963年版第167页。

1870 年 9 月 5 日的这一宣言，号召德国工人坚决反对兼并阿尔萨斯—洛林，为争取德国政治状况的民主化而斗争。

宣言号召德国工人为争取同法兰西共和国缔结光荣的和约、反对兼并阿尔萨斯—洛林、争取德国的政治状况的民主化而斗争。

白拉克在这一重要的历史文件中，吸收并引证了马克思给不伦瑞克委员会回信中整段整段的内容。工人阶级的民族和平政策同容克地主和大资产阶级反民族的战争政策在这里是水火不相容的。文件向德国工人阶级指出，反对普鲁士－德意志军国主义的斗争道路乃是最重要的民族任务。

白拉克以这篇宣言向所有的人清楚地表明，社会民主工党意识到自己对国际工人运动和德国民族所负的重任，因为继续这场兼并战争不再有助于德国的统一，相反，只会对容克地主和大资产阶级反动的阶级利益有利。如果革命的工人政党不想背叛民族利益以及自己的阶级利益，那就必须反对这场战争。

1870 年 9 月 5 日发表的不伦瑞克宣言（散发了 10000 份）得到党的完全赞同，同时也招来了普鲁士的反动派。

"懂得历史运动乃是我们的骄傲！"

　　在党的委员会发表宣言的第四天，即 1870 年 9 月 9 日，武装宪兵逮捕了白拉克和不伦瑞克党的委员会其他成员。他们是被弗兰茨·梅林讥称为"民族自由党的知名人士"① 在不伦瑞克警察局长那里告密的，其中也不乏"骇人听闻的消息"，说什么党的委员会想成立共和国。

　　不伦瑞克警察局长迫不及待地向北德总督福格尔·冯·法尔肯施坦呈报了来自不伦瑞克迫在眉睫的危险，它将危及尚未经过洗礼的德意志帝国。这位将军面对叛国案，以一个普鲁士军人藐视权与法的妄自尊大，毫不犹豫地扮演起"祖国救星"的角色，他绕过法庭，下令逮

---

　　① 弗兰茨·梅林《德国社会民主党史》生活·读书·新知三联书店 1965 年版第 4 卷第 8 页。

捕白拉克和他的同志们。

不伦瑞克党的领导人像重罪犯一样戴着镣铐被押送着横穿德国来到勒特岑（东普鲁士）附近的博因要塞。受挑动的那些晕头晕脑的爱国者在不伦瑞克对白拉克和他的朋友就已经以粗鲁的污言秽语相待了。一路上，他们的处境并未改善。弗兰茨·梅林对这次旅程作了十分形象的描述：

"被押解的犯人在极有希望养成敬神和虔诚习惯的祖国走了三天，爱国的贱民们对这一押解很感兴趣。白拉克和他的同志们时而被看作盗墓贼和散兵游勇而加以嘲笑，时而被用惊异的眼光看作刚刚被俘的法国政府官员，时而又被用道义上的愤懑所接待，因为他们只要能够得到一点饮食，总是吃得津津有味。他们用苦中作乐的戏谑，来忍受爱国的、愤慨的可爱批评，后来柏林波茨坦车站的兵站司令受到战争的神圣怒火的袭击，以'将在勒特岑受折磨'的'野人、流氓、坏蛋'对待他们的时候，他们仍然保持这种谐谑。"[1]

不过，他们的被捕并不完全是个别现象。军国主义的

---

① 弗兰茨·梅林《德国社会民主党史》生活·读书·新知三联书店1965年版第4卷第9—10页。

德意志帝国早已投下了它那黑暗的阴影。随着反对法国人民的掠夺战争，接踵而来的是对国内进步的民族力量的恐怖活动。它的第一批牺牲者就是社会民主党人。肆无忌惮的军国主义党徒连著名的民主主义者约翰·雅各比也不放过。不久，雅各比也不得不违背自己的意愿而去和白拉克等人做伴。达摩克利斯之剑也悬挂在倍倍尔和李卜克内西的头上——逮捕他们的时刻不会很久了。就在 12 月，他们搬到了"国家宿营地"。

尽管反动派疯狂地迫害党及其领导人，却摧不垮他们的斗争精神。国际无产阶级向他们表示完全同情和全力支持，赞扬受迫害的人是"真正的爱国者"。他们正如马克思在给娜塔利亚·李卜克内西的信中写到的那样，是"名副其实的爱国者"①。白拉克的要塞监禁一直到 11 月中旬。11 月 14 日他同他的同志们被押送出勒特岑，11 月 16 日转入不伦瑞克监狱，因为在此期间，不伦瑞克地方法院因他们有"叛国嫌疑"传令待审拘留。

于是，威廉·白拉克在监狱里度过了 1870 年的圣诞节，而他的年轻妻子却在家中等待他们第一个儿子的降

---

① 《马克思恩格斯全集》第 33 卷第 173 页。

生。使白拉克夫妇倍感难受的是，他们各处一方，对此，白拉克力图用充满深情的热烈诗文来安慰他的妻子，这些诗——它们无须特殊的艺术价值——表达了对他们斗争的正义性的坚定信念。

1871年3月30日，白拉克获释出狱。他回到了家，终于也能抱一抱新生的儿子小赫尔曼了。

沃尔芬比特尔的公国检察官决定停止叛国案的诉讼，原因是控告不成立。尽管如此，半年之后，白拉克、邦霍尔斯特、施皮尔和屈恩作为党的委员会前委员还是受到起诉。不伦瑞克检察官在柏林政府的压力下提出控告，罗织的罪名是"违反公共秩序"。

随着不伦瑞克的诉讼案，德意志帝国承袭了1852年科隆共产党人案件不光彩的传统，开始了针对德国社会民主党的一系列恐怖案件，其中最出名和最有影响力的是1872年倍倍尔、李卜克内西和赫普纳的莱比锡叛国案。不伦瑞克的诉讼案开了头，敌人想用这个案件为在德国迫害社会民主党和第一国际开创个先例。不伦瑞克诉讼案的矛头不仅仅针对德国工人运动，同时，它也是巴黎公社失败后国际反动派在欧洲各国对第一国际进行恐怖和诽谤活动的重要一环。有鉴于此，坚决捍卫国际的和社会民主党的真正原则，在群众中进行宣传和大量揭露诽谤也变得特别重要了。

因此，卡尔·马克思建议国际在德国的成员，要特别注意对不伦瑞克诉讼案的宣传。"下一个合适的机会是对社会民主党不伦瑞克前委员会成员可耻的起诉，其中国际又是被控的中心。等到法庭公开审判时就好了，这将把德国的注意力吸引到不伦瑞克来。"①

1871年11月23日至25日不伦瑞克公国地方法院的审判，是使福格尔·冯·法尔肯施坦将军的杰作在司法上获得成功的一种尝试。正如白拉克1872年在他的《社会民主工党不伦瑞克委员会在勒特岑和在法庭上》一书中总结的那样，控告本身的特点是，竭力"从一锅烂粥中，即从各种各样听来令人可疑的词语（革命、暴力、共和国等诸如此类的词句）中先是编造出**犯罪**的倾向，而后，以此作为依据，把完全**允许的行为**说成是**应该受到制裁的违法行为**"②。

在审判中，白拉克勇敢地承认自己的行动和观点，承认社会民主工党和第一国际、社会革命和红色共和国以

---

① 《第一国际在德国（1864—1872）：文件与资料集》柏林狄茨出版社1964年版第616—617页。

② 威廉·白拉克《不伦瑞克委员会》第71页。

及承认为反对普鲁士军国主义和资本统治而作的斗争。"我们引以为自豪的是，我们懂得历史运动，并且看到了必然发生的事情。"[1] 白拉克这一席感人至深的话激起了听众一阵热烈的掌声，以至于法庭庭长不得不坚决地要求保持安静。

1871年11月27日，庭长宣布判决。白拉克和邦霍尔斯特被判处16个月徒刑，施皮尔14个月、屈恩5个月，待审拘留的时间应从刑期中扣除。于是，被判刑者提出了要求撤销判决的申诉，沃尔芬比尔高等法院同申诉意见基本一致，改判白拉克和邦霍尔斯特各3个月徒刑，施皮尔2个月，屈恩6个星期。待审拘留算作服刑期。这是掩人耳目地宣判无罪。"我们由于怀有社会民主党的倾向和对工人阶级的国际主义政策表示同情，受到了起诉；大肆渲染的起诉到最后所剩下的无非是说我们参加了据称追求违法目的的协会。"[2]

数年以后，这起审判案还引起一场有趣的余波，它为社会民主党人提供了足够的笑料。白拉克及其朋友因营业亏损，向勒特岑一系列事件的肇事者福格尔·冯·法

---

① 威廉·白拉克《不伦瑞克委员会》第102页。
② 威廉·白拉克《不伦瑞克委员会》第239页。

尔肯施坦将军提出起诉，要求赔偿损失，不伦瑞克公国最高法院于 1876 年真正同意起诉。将军不得不向白拉克支付 2100 马克的赔偿金，不言而喻，党对这件事感到十分满意。

对白拉克来说，不伦瑞克审判案是一块重要的、公开的试金石。在这里，面对阶级的司法（为了镇压社会民主党人，这种司法不惜采用曲解条文的手段），白拉克必须证明自己的勇气和对工人阶级解放事业的忠诚。白拉克在德国和国际无产阶级面前经受住了这场对自身的考验。

白拉克在关于这次审判的书中写道："作为国际工人协会和德国社会民主工党的忠实信徒，只要可能，我永远不会停止给人民以必要的启示。同时我深信，尽管有种种迫害，正义、真理和纯洁的道德……一定会胜利的。"[1]

昔日的迫害以及无疑正在等待着他的新迫害并没有使白拉克却步。白拉克充满了为世界最正义的事业服务的信念，对那些指望用恐怖措施阻止工人运动及其领袖为争取工人阶级解放而斗争的人，他大声疾呼道："这些疯子根本不懂：一个忠于信念的人，如果必要的话，为了他的信

---

[1]　威廉·白拉克《不伦瑞克委员会》第 243 页。

念会泰然地忍受着一切；那些令人憎恨、受人惧怕的倾向和意见用判决和监禁是消灭不了的，相反，它们在备受迫害之中却会赢得新的支持者和新的朋友；这些疯子根本不懂，没有新思想的代表者、正义和真理的维护者的自我牺牲，就不会有争取这些崇高财富的斗争，为了大众的幸福而牺牲个人正是一个人所能达到的最高的道德境界。"①

---

① 威廉·白拉克《不伦瑞克委员会》第 199 页。

"资产阶级和无产阶级之间割席了"

　　1871 年 3 月 18 日，巴黎工人奋起反抗"出卖民族的政府"，解除他们的武装，奋起反抗他们的压迫者，并把红旗插上了巴黎市政厅，当时白拉克还在不伦瑞克待审拘留中。

　　传到监狱大墙里来的消息少得可怜。只是在获释后，白拉克才有可能比较详细地了解到有关世界历史上这第一次工人革命的情况。这是他有意识经历的第一次革命，因为 1848—1849 年他还是一个少年。巴黎公社无疑是第一次无产阶级革命，是建立无产阶级专政的第一次尝试。白拉克对这次具有世界历史意义的事件的感受较之于对过去历次工人行动的感受远为强烈，公社的影响若干年之后仍在对他起作用，这是不足为奇的。

白拉克清楚地看到：巴黎工人的斗争不仅仅是为了他们自身的解放，同时，他们也是为了整个国际工人运动而投身于斗争的。正如马克思指出的那样，巴黎公社是"工人的政府，作为劳动解放的勇敢斗士，同时又具有十足国际的性质"[1]。

对白拉克来说，巴黎革命已经成为无产阶级国际解放斗争闪闪发光的火把。他毫无保留地支持巴黎公社社员的英勇斗争。

尽管巴黎公社失败了，但是，白拉克对无产阶级运动的最终胜利没有丝毫的怀疑，他坚定地认为，工人运动将始终朝气蓬勃地昂首前进，尽管它的敌人认为，工人运动已被打得一败涂地。"小而言之，这一经验在德法战争时期的种种事件上已经有过；大而言之，同样的经验，我们在巴黎公社的历史上已经有过或还将要有。而这一切使我们对最终胜利确信无疑。"[2]

做一个巴黎公社的同时代人，这对白拉克来说直至生命最后一息都是义务。他总是谈起公社，例如，每逢一年一度的纪念日时，他便追述起公社，追述它的意义及失

① 《马克思恩格斯文集》第 3 卷第 162 页。
② 威廉·白拉克《不伦瑞克委员会》第 40 页。

败的原因。然而，巴黎公社更多的是作为阶级关系的结晶点、作为进步力量和反动力量的分界线出现在白拉克著作中的。他强调指出，在巴黎公社社员揭竿而起和公社社员惨遭凡尔赛"秩序党的匪徒们"（他们得到新的德意志帝国有效的武力支援）屠杀之后，社会上和政治上阶级力量的两极分化便清楚地显现出来。白拉克在1873年一针见血地写道："此外，资产阶级和无产阶级之间割席了。自从1871年5月的那一周以后，在社会的这两极之间再也没有调和的余地了！法国资产阶级在取得了独占的统治地位以后所干的一切，得到了其他各国资产阶级的赏识！法国资产阶级在公社社员周围已经编织起一个无耻的诽谤罗网，它是如此的严密，以致浑浑噩噩的人群再也不可能看到罗网后面最高尚的人类的真正形象。在欧洲资产阶级的喝彩声中，萨托里平原上至今还回响着阵阵枪声，公社社员在监狱里、在无数的荒岛上，在惨绝人寰的待遇下遭到慢性屠杀！"①

捍卫巴黎公社是革命的德国社会民主党的优良传统之一。保守派和教会、资产阶级各政党及其代表在演说和文

---

① 威廉·白拉克《拉萨尔的建议：向社会民主工党第四次代表大会进一言》（以下简称《拉萨尔的建议》），不伦瑞克1873年版第44页。

章里向巴黎公社社员以及国际工人运动中公社的捍卫者倾倒了整桶整桶的污言秽语。为在全体人民眼中丑化公社社员及其捍卫者，他们将其咒骂成纵火犯、煤油英雄。以奥古斯特·倍倍尔为首的德国社会民主党领导人同这些诽谤者进行了坚决的斗争。

白拉克同样也全力以赴地、勇敢地捍卫巴黎公社的真实形象。针对资产阶级报刊的恶棍和下流文人们，白拉克写道："你们如果谈及巴黎公社，那我要告诉你们，勒康特将军和托马将军是在公社成立之前被他们自己的士兵枪毙的，因为他们不断命令向士兵兄弟们开火，即向国民自卫军开火；告诉你们，'人质'不是被公社枪杀的，当他们遭此命运时，公社早已不复存在，他们是死在麦克马洪的非洲兵像野兽一样在巴黎肆虐的那些恐怖日子里；告诉你们，双方在战斗中都放了火，而公社仅仅是为了进攻或防守的需要才放火的；我还要告诉你们，公社废除了死刑，焚毁了断头台，而且作为巴黎人民爱好和平的象征，推倒了旺多姆圆柱，而这个圆柱是为拿破仑一世战胜德国人歌功颂德的。"①

①　威廉·白拉克《打倒社会民主党人！》不伦瑞克1876年版第30页。

　　白拉克同样也把他的出版物完全用于为这个神圣的义务服务上。在马克思的直接推荐和参与下，白拉克的出版社出版了公社战士普罗斯比尔·利沙加勒写的著名的《一八七一年公社史》的德译本。出版社出版了威廉·布洛斯的《论巴黎公社史》、约翰·莫斯特的《巴黎公社在柏林法庭上》和弗兰茨·罗勒德的译本《凡尔赛众议院关于巴黎公社的辩论》等作品。白拉克通过这种出版活动立下了不朽的功绩，这些出版物极为有效地向德国工人展现了巴黎革命者们英雄业绩的真实面貌。

　　然而，在白拉克看来，巴黎公社远远超出了作为受人欢迎、支持和拥护的历史性事件的范围。而且对他来说，对于他在党内的进一步活动有着决定性意义的巴黎公社是现有认识的试金石和取得新认识的媒介。白拉克把巴黎公社看作未来的工人国家，如他所描述的"红色共和国"。巴黎公社对白拉克的国家观日益脱离拉萨尔的影响、倾向马克思主义的国家理论起了重要作用。

　　巴黎公社特别使白拉克加深了这样一种认识，即无产阶级若要取得革命胜利，也必须在农村有它的堡垒。因此，白拉克以双倍的精力首先开始了对农业工人的鼓动工作，因为公社的实践告诉他："产业工人有义务……向农村

的无产阶级伸出兄弟之手，把他们从麻木不仁中唤醒。农业工人是大规模工人运动所不可缺少的，通过巴黎公社，我们看到了这一点。巴黎工人的红色共和国由于农民的无知失败了。如果农村无产者同心协力，那么富农就将无能为力，而不得不对农村无产者的要求让步。因此，未来的工人运动能否胜利将取决于对农村无产阶级的教育。"①

在巴黎公社经验的这种创造性运用上，可以十分清楚地看出，白拉克在掌握马克思主义方面所取得的巨大进步。

---

① 《不伦瑞克人民之友报》1872 年 7 月 25 日。

"色当意味着战争"

色当战役之后战争的继续进行，法兰西共和国的成立，新的德意志帝国在镇压巴黎公社过程中所起的可耻作用，反民主的、军国主义的和沙文主义的毒素在德国公共生活中的渗透——所有这些因素以其内在的必然性，促使着白拉克准确地表明自己对于普鲁士军国主义国家的政治立场。

德国的统一是白拉克渴望已久的。德国的统一在白拉克看来是个决定性的成就，只有在此成就的基础上，工人运动才能在全国范围内卓有成效地开展起来。他本人对于如何统一德国并没有定见，然而，他的民主本能使他成为俾斯麦采取的自上而下统一德国的道路的反对者。他在德法战争第一阶段所持的立场，形成于对德国

统一的历史必然性的认识，而并非是没有认清普鲁士争霸的危险性。

在战争的第一阶段，白拉克希望把工人运动和民族运动结合起来，从而为统一后的德国的民主发展创造保证。当这场战争演变成兼并战争继续打下去，德国统一的成果被俾斯麦所窃取、它的反民主的内容清晰可见的时候，白拉克毫不迟疑地发出反对的呼声，并集结力量为民族的基本民主权利而斗争。

威廉·白拉克认识到，统一之后，德国工人阶级的基本民族任务在于，为在德国建立"民主共和国"而斗争。为达到这个目的，就必须坚定不移地反对容克地主和大资产阶级的军国主义国家。

所以，他在 1870 年 7 月 24 日的宣言中就已指出，在取得统一和民族独立之后，无产阶级的阶级任务必须是，从"弯刀和钱袋的统治束缚"中解放出来。在不伦瑞克审判案的审讯当中，他对于新建成的德意志帝国的立场更为清楚地表现出来。他声明："我们今天的所有机构，都必须承受来自军方和资本统治的压力。我们党反对军方和资本的强权的斗争，由于战争而中断了，战争结束**之后**，我们要**一如既往地**进行这场斗争……"①

白拉克说出"从'弯刀和钱袋的统治束缚'中解放出来"这番话，一方面是要抨击社会现状，即资本主义社会制度，另一方面则是抨击军国主义的统治。他一针见血地批判了德国大资产阶级和普鲁士军国主义容克地主结成的反动联盟。

这种反对军国主义的基本立场和与君主制国家誓不两立的原则，贯穿在著名的 1870 年 9 月 5 日宣言中。"德国万岁！"的口号和"无产阶级的国际主义斗争万岁！"的口号结合在一起，最后汇合成"共和国万岁！"这个战斗口号。② 白拉克指出："不过，按照我们的愿望，德国不应当长期地仅仅在**普鲁士的兵营**里取得统一。"③ 他用这种鲜明的词句为德意志民族提出了为和平的、民主的发展而斗争的目标。

白拉克虽然承认，由俾斯麦一手策划的"在普鲁士

---

① 威廉·白拉克《社会民主工党不伦瑞克委员会勒特岑审判案》第 105 页。

② 《马克思恩格斯和白拉克通信集（1869—1880 年）》柏林狄茨出版社 1963 年版第 170—171 页。

③ 《马克思恩格斯和白拉克通信集（1869—1880 年）》柏林狄茨出版社 1963 年版第 170 页。

兵营里的统一"是暂时存在着的现实，但从未接受它。因此，他所出版的《不伦瑞克人民之友报》1871 年 5 月 15 日第一期关于普法战争的结果是这样写的："现在，德国人民必须用更大的力量准备另一场战争——争取国内自由的斗争。"

白拉克并不为任何"帝国的尊荣"所动。相反，他更加清楚地看到了，用不民主的方式统一帝国给德国人民的和平发展带来多么危险的后果。大肆赞美一切与战争和军国主义有关的东西的做法被提升为民族的象征。白拉克对于这种沙文主义的浮夸炫耀和民族自大狂极为反感，而这些东西正开始在各阶层人士中蔓延开来，并且每年借庆祝色当战役的机会喧嚣一时。

"色当大庆"把德意志帝国的本质从内容到形式暴露无遗。

坚决地反对庆祝色当战役，这是德国社会民主党在从帝国创立到反社会党人法公布的那些年月里进行的最广泛、最卓有成效的斗争，是为了从政治上反对普鲁士－德意志帝国而进行的反军国主义斗争。

白拉克认为自己最重要的一项任务就是：使社会民主党和那种民族主义的喧嚣划清界限，尽最大的努力揭穿色当大庆的民族虚伪性，指出这种做法的真实背景和目的——从思想上引导群众准备一场新战争。

在 1872 年 7 月 22 日一次大规模群众集会上，白拉克怀着极大的政治责任感向他的社会民主党同志们和朋友们强调声明："作为一个政党，我们在这个场合有义务要么不庆祝任何胜利，要么举行反示威。"① 社会民主党在整个帝国都是按照这个精神行动的。

白拉克给民族自由党人——不伦瑞克色当大庆最卖力的鼓动者写了一封信，信中说："色当战役这一天过后，战争就不再是防御战了，它成了反对法国人民的战争，成了占领当初属于法国的几个省份的战争……我一想到有人竟来庆祝像色当这样的日子，就感到毛骨悚然。"②

1873 年，他作为不伦瑞克唯一的社会民主党市参议员向其他参议员高声说道："从色当之日起，最大的苦难降临到德国人民的头上，正是人民的子弟被迫在战场上作战，在流血！……但是，有人竟为德意志帝国的形成唱赞歌！那么，到底赢得了什么呢？没有**自由**的**统一**！那些过去只赞成赢得**享有**自由的统一的政党，今天对于在**监狱**

① 《不伦瑞克人民之友报》1872 年 7 月 26 日。
② 《不伦瑞克人民之友报》1872 年 8 月 29 日。

里、在**军事**上、在**兵营**里取得的统一竟欣喜若狂！它们对于这种**不自由**中的统一欣喜若狂！"①

白拉克绝不是要求一种使所有的人普遍得到幸福的自由。他对于自由这个口号的阶级内容了解得很具体，他给普鲁士－德意志国家里的不自由所下的明确定义就表明了这一点。

他所谴责的**不自由，**就是**剥削阶级**压迫和盘剥劳动人民的自由。这种自由不是人民的自由，相反，它是建立在**劳动人民不自由**的基础上的。

白拉克要求"享有自由的统一"，这意味着，他反对剥削阶级的自由，要求劳动人民的自由作为以民主方式取得统一的保证，而劳动人民的自由只有通过坚决彻底地反对剥削阶级并最终消灭它才能争得。

白拉克的无产阶级自由观，比起当时的资产阶级政客们关于自由的叫喊，不知要高出多少倍。今天的社会民主党右翼领袖们"统一自由"的口号，也与他的观点毫无共同之处，尽管言辞听起来很相近。社会民主党右翼领袖们的口号是为维护剥削阶级的自由服务的，而白拉克恰恰是

---

① 《不伦瑞克人民之友报》1872 年 8 月 24 日。

要消灭**这种**自由，以实现人民的真正自由。

军国主义的思想渗透到德国的整个公众生活中，这是德意志帝国的突出特点。《不伦瑞克人民之友报》就此一针见血地写道："在色当战役这一天究竟应该庆祝些什么呢？""不论是自由还是统一都没有取得进步。唯一值得庆祝的，也就是我们德国唯一取得的，那就是军国主义国家。皇帝的赫赫战功，这就是我们可以庆祝的全部成果。我们德国正在为之努力的高大目标是，**把整个帝国变成一座兵营**；既然无法使全国人民终生留在兵营里，那些军人协会和国防协会便拼命地把尚武精神也带到公众生活中，并加以扶植。因此，军事庆典是'**自由统一的德国**'唯一有资格庆祝的节日，而色当大庆不外是这样一个军事节日。他们要用建树武功和战争狂热来代替公民自由和人权的思想！这就是一切！因此，不言而喻，民主派是不能跟着一起庆祝这种节日的。"①

白拉克不知疲倦地、年复一年地揭露这种庆典的军国主义内容，从而激烈地抨击普鲁士－德意志帝国的本质。作为市参议员，他始终拒绝同意把城市经费拿出来筹办色

---

① 《不伦瑞克人民之友报》1874 年 9 月 3 日。

当大庆，他要求把这些钱用在服务于人民的有益措施上，诸如改善教育事业等。

1876 年，在不伦瑞克市参议员会议上，白拉克当众出色地揭穿了沙文主义的色当大庆的背景："……色当意味着：美化武功，崇拜可诅咒的、只能给各国人民造成苦难的实力政策，到处推进沙文主义，一句话，色当意味着战争……战争是什么？在人类社会无疑有许多可怕的罪行，而战争是现有最大的、最可怕的、最残酷的罪行。所有真心诚意愿为人类幸福和进步而奋斗的人，应该通力合作，为制止战争而努力……幸而这种沙文主义的狂热仅仅弥漫在各国的统治阶级当中，它是伴随着这些阶级的瓦解和腐朽过程而出现的一个产物；劳动人民痛恨沙文主义，他们希望，所有的国家彼此间生活在和平和友谊之中……"①

白拉克在这里非常经典地阐发了工人阶级反军国主义的思想，同时捍卫了德意志民族的真正利益，这种利益正受到美化和渲染战争以及一切军国主义传统的人们极其严重的危胁，要知道，保护这一份遗产无非是要逐渐地从思

---

① 亨利希·莱奥纳德《威廉·白拉克》第 87 页。

想上准备一场新的掠夺战争，而这场战争必然把德国推向灾难。

在1869年建党以后的那些多事之秋，出现在我们面前的白拉克，是一个令人信服的爱国主义者和国际主义者，德意志军国主义国家的坚定反对者，民主和社会主义的勇敢战士。这些年月里，伟大的政治斗争大大有助于他的政治观点的进一步发展，使他在政治斗争领域掌握了许多重要的马克思主义知识，并在德国的阶级斗争中巩固了这些知识。

白拉克毫不含混地承认无产阶级国际主义，承认马克思和第一国际总委员会在一切重大政治问题上的权威，明确地划定普鲁士－德意志国家及其军国主义机构的阶级性，所有这一切标志着白拉克发展到马克思主义者的新阶段。不过，在以后的年代里，白拉克仍然面临着一个重要的课题：深入钻研马克思主义的政治经济学和马克思主义的国家学说及革命学说，以便批驳庸俗社会主义的各种奇谈怪论，并为德国工人党制定出反对普鲁士－德意志军国主义国家的正确战略战术作出贡献。

当时，不论白拉克还是整个党，在这些领域里还存在不少理论上的模糊不清的看法，特别是，残存的拉萨

尔观点还有待于克服。而白拉克于 1873 年发表的十分重要的著作《拉萨尔的建议》，标志着他在这方面也开始成熟了。

不过，在白拉克和拉萨尔主义展开理论斗争之前，他把注意力首先转向不伦瑞克工人运动中直接的现实问题上。

《不伦瑞克人民之友报》——"我迄今生活中最有成效的一项活动"

　　白拉克在狱中就已经开始考虑，不伦瑞克党的工作在极其残酷的迫害条件下，怎样才能卓有成效地继续开展下去。

　　不伦瑞克委员会的成员在 1870 年 9 月 9 日被捕，被捕之后，党的领导工作立即委托给其他同志承担。这样一来，白拉克又可以把更多的精力放在不伦瑞克工人运动的发展上。不过，这绝不意味着忽视整个党的发展。恰恰相反！他虽然在最高领导中不担负任何正式职务，但仍然属于党的最重要领导人之列。白拉克本人再一次清楚地表明了这一点。

　　白拉克在狱中就产生了一个想法：办一张地方性报纸，用作联系同志们的纽带，扩大党的影响，把争取民主和社会进步斗争中的一切民主力量，包括不属于社会民主党的力量，都团结在这张报纸的周围。这个想法酝酿成熟了，白拉克获释出狱后，在1871年4月举行的一次群众集会上，这张报纸被命名了。1871年5月15日，《不伦瑞克人民之友报》第1号正式出版。

　　从这张报纸的名字上看，该报是有意识地要继承不伦瑞克1848年3月革命以前和1848—1849年革命期间的资产阶级民主传统。促使其这样做的另一个因素是，不伦瑞克社会民主主义协会被解散，成立"人民协会"的打算也遭到警察的禁止。显而易见，报纸要想出版，首先必须宣布自己在政治上是不从属于任何党派的。因此，该报在它的纲领性声明中写道："本报不是专门为某个党派服务的，它毫无成见地、坚决地维护一切有益于不伦瑞克人民的事业，我们希望，本报将不会有负于它的名称……公理和正义，自由、真理和人民教育，将始终得到我们的赞助；不公平、不合理、诽谤、压迫和愚民政策，一旦被我们发现，就要和它们斗争……"①

---

① 《不伦瑞克人民之友报》1871年5月15日。

《不伦瑞克人民之友报》——"我迄今生活中最有成效的一项活动"

　　《不伦瑞克人民之友报》提出这样的任务，是自觉地与统治阶级的雇佣报刊站在对立的立场上。新报纸不注重金钱利润，它的首要目标是，不顾一切地捍卫全体人民的利益。

　　没过多久，《不伦瑞克人民之友报》就扎根在这个城市的政治生活中。它成了读者的朋友和同志。到了1872年，它已从周刊发展到日报。订户的数目迅速上升。1871年开始时，仅有600个订户，到1872年4月发展到2000个，1873年扩大到2200个，1874年发行量为2700份。从1876年9月1日起，又增发一份周刊，发行量为5000份，在不伦瑞克城乡地区广为传播。

　　《不伦瑞克人民之友报》在前进，不久它就公开地亮出了自己的旗帜，成为德国社会民主党最重要的地方报纸之一。从第18号起，它由新创建的小威廉·白拉克出版社印行。没有威廉·白拉克的献身精神及其在财力上的大力牺牲和政治上的主动性，这张报纸的创办是不可想象的。报纸的成就和进步就是白拉克的成就和进步。报纸的朋友就是他的朋友。

　　同样，报纸的敌人就是他的政治上的反对者。他为报纸所作的努力给他带来了无数恶意的攻击。报纸毫不留情

地反对沙文主义思想，其后果之一是，白拉克被他参与创建的男子体操协会排除出去。

　　白拉克对一切公开的和隐蔽的攻击全然不顾，他怀着极为满意的心情宣称，《不伦瑞克人民之友报》的创办，是"我迄今生活中最有成效的一项活动"①。1874 年 12 月 17 日，报纸的第 1000 号出版了，这时编辑部满怀着骄傲的心情指出："有了这张报纸，不伦瑞克的工人就有了一件武器。这武器的分量我们的敌人已领教过了，而且至今仍然感受着……重要的一点是，工人们现在不再是注定要沉默下去。我们的报纸就是他们的机关报，它每天以工人的名义并为工人发出呼声……我们的报纸是争取劳动人民彻底解放的斗争中的前哨阵地。工人们应该牢牢地记住这一点；至于我们，我们将一如既往，不为任何事物所迷惑，不为任何迫害所动摇，勇敢地、不屈不挠地坚守在这个阵地上……"

　　对白拉克说来，报纸和出版社从一开始就不是希冀获得什么利润的企业。他对于社会民主党的报刊和社会主义萌芽性质的出版社所面临的困难，并没有抱任何侥幸的幻

---

① 《不伦瑞克人民之友报》1872 年 8 月 29 日。

想。但是，他对于自己所受迫害之频繁却没有预见到。报纸取得的每一项成就都使他感到无比的高兴，报纸的发展使他感到无比的幸福，但有许多次，在他高兴的同时，出版社的困难却把他带到了破产的边缘。

警察当局一而再、再而三地发出禁令和通缉。法庭接连发布各种处罚，其中一部分是要以现款抵偿的。《不伦瑞克人民之友报》的编辑威廉·布洛斯、古斯达夫·里瑟、赛米尔·科柯斯基等人成了不伦瑞克市监狱的常客。到1872年底，对报纸的起诉已达20次之多。仅仅在1872年9月，白拉克就卷入了15起刑事诉讼案。到1878年，报纸为罚款和诉讼费用所支付的款项几乎达6000马克。

为了从财政上保证报纸的生存，白拉克熬过了无数不眠之夜。而《不伦瑞克人民之友报》的读者们也并没有丢开自己的报纸不管。工人们开始为它募捐，不知疲倦地、一分一厘地募集，不久就显出了成绩。编辑部在"用于人所共知的目的"这一栏里，开列了自愿捐款的清单，没有这笔援助，《不伦瑞克人民之友报》的继续存在很难想象。

社会民主工党中央机关报《人民国家报》高度赞扬不伦瑞克党员同志们的惊人努力，它评价道："在德国的任何

一个地方都没有像在不伦瑞克这样，斗争是如此残酷，而
成绩又是如此巨大；这个成绩的很大一部分应该归于那里
的同志为我们当地报纸作出的重大的牺牲。"①

　　尽管有党员们的资助，财务负担的大部分还是落在威
廉·白拉克的身上。他投在报纸和出版社上面的款项达 20
万马克。他父亲的企业（白拉克是该企业的经理人）不得
不给工人运动交纳高额贡赋。

　　白拉克想把出版社变成一个社会主义的教育机构，他
的想法取得了圆满的成功。为了使工人们有能力购买上市
的图书，他向订购丛书的工人提供了优待价格。他的出版
社的宗旨是：传播科学社会主义，促进德国工人运动，培
养无产阶级国际主义精神。

　　白拉克非常重视社会民主党的农村鼓动工作，为了从
出版方面予以支持，从 1874 年起他在自己的出版社专门
出版了一种给农民看的《人民历书》。使白拉克感到格外
骄傲的是，他把恩格斯也争取来作这本历书的撰稿人，恩
格斯为 1878 年《人民历书》写的文章就是大家所熟知的
那篇小传《卡尔·马克思》。

---

　　① 《人民国家报》莱比锡版 1874 年 7 月 5 日。

他的出版社既向德国社会主义著作家敞开大门，也向第一国际的著作家敞开大门。根据马克思和恩格斯的推荐，出版社出版了普罗斯佩·利沙加勒的《一八七一年公社史》、马克思和恩格斯合著的反对巴枯宁的论战性小册子《一个反对国际工人协会的阴谋》（原文是法文）的德译本、由马克思撰写的第一国际总委员会向 1872 年海牙代表大会的报告、奥古斯特·倍倍尔的著作《德国农民战争，并论中世纪最主要的社会运动》，等等。不言而喻，出版社也出版了白拉克自己的著作。

小威廉·白拉克出版社是德国最早的社会民主党出版社之一。在这方面，威廉·白拉克也不失为先驱者。他对于创办德国社会主义的出版事业作出了重要的贡献。

《拉萨尔的建议》

　　爱森纳赫派由于对德国民族发展的基本问题以及对无产阶级国际主义斗争采取了正直的政治立场而赢得了巨大的成就，它在德国工人阶级中的影响扩大了。对党的发展来说，最重要的在于，要把它的正直的、阶级斗争的、革命的政治立场奠立在广泛的、科学的理论基础之上。

　　在爱森纳赫纲领里，已经为此创造了前提；但同时，在这个纲领里也收进了一些拉萨尔的观点，这些观点与社会民主工党的进一步巩固和发展是背道而驰的，阻碍它对斗争的领导。在各个领域更为彻底地接受科学社会主义理论，对于党卓有成效地开展反对俾斯麦帝国的斗争来说，已成为一种迫切的必要性。鉴于党迟早要和德国工人运动中的另一大组织——全德工人联合会实行合并，接受科学社会主义的意义就显得尤其重大，因为该联合会几乎完全处在拉萨尔思想的影响之下。要使这种合并不再包含分裂的萌芽，要使它是持久的，要使它对无产阶级来说体现着真正的进步，那么，关键在于：必须在马克思主义的基础上实行合并。为此，首先要在社会民主工党内部创造条件，必须指出仍然存在着的拉萨尔理论在科学上是站不住脚的，在政治上是有害的，从而与它决裂。

马克思和恩格斯在与爱森纳赫派领导人的通信中，一再地向他们指出，必须克服小资产阶级思想意识在党内的影响，必须消除仍然存在的一部分拉萨尔主义观念，必须在德国工人政党内部贯彻科学社会主义。

在党内，对拉萨尔继承人的政策以及全德工人联合会的组织结构虽然也有过激烈的批评，但从理论上对拉萨尔主义进行清算还是谈不上的。而恰恰是这种清算，对于党制定正确的战略和策略，对于党确定夺取政权的道路，至关重要。何况全德工人联合会的领导在国际工人运动中支持巴枯宁分子阴谋反对马克思和第一国际，从而公开地暴露了自己对马克思和恩格斯的敌视。

拉萨尔主义是小资产阶级思想的变种，全德工人联合会是个宗派组织，这二者是互相依存的，并且都阻碍着无

产阶级的阶级运动的进步。对它们展开坚决的斗争和彻底的批判，不仅对于德国工人运动的发展，而且对于国际工人运动的发展，都有着重大的意义。

倍倍尔和李卜克内西在《人民国家报》上以不同的方式努力贯彻马克思和恩格斯的指示。然而，由于他们感到自己无力把反对拉萨尔主义的斗争引向深入，所以他们就在1873年春写信给马克思，请求他以他的科学的权威性分析批判拉萨尔的观点。不过，在这个时候马克思根本无法答应这个请求。他正在完成《资本论》的法文版。另外，如恩格斯给倍倍尔的信中所写的，马克思的健康状况迫切地要求他休息。但是，恩格斯给了倍倍尔为开展反对拉萨尔主义的必要斗争所需的非常宝贵的指示，这些指示对于党的进一步巩固和发展具有原则性的意义。就在这个时候，他已警告党的领袖们，不要去追求一种以放弃党的革命原则和承认拉萨尔主义为条件的合并。①

和拉萨尔主义划清界限的任务，当然不能全部推在马克思和恩格斯的肩上，即便这样做对德国党来说是再简单不过了。在党内，也有一批力量可以依靠自己的马克思

①　恩格斯1873年6月20日致倍倍尔的信。见《马克思恩格斯全集》第33卷第590—594页。

主义知识和实际经验进行这场理论斗争，倍倍尔和李卜克内西的努力本身就表明了这一点；另一方面，卓越的工人哲学家约瑟夫·狄慈根为保卫科学社会主义所作的努力，即他与著名的工人领袖、后来的"红色邮政局长"尤利乌斯·莫特勒在1874年科堡代表大会上参加纲领辩论时的表现，也表明了这一点。但是最能说明问题的，是威廉·白拉克的斗争，他的《拉萨尔的建议》（1873年不伦瑞克版）一书，对于从马克思主义观点出发与拉萨尔主义划清界限作出了重大的贡献。

《拉萨尔的建议》是在1873年爱森纳赫党代表大会的准备期间发表的，目的在于说明不伦瑞克支部提出的修改党纲的建议。实际上，这部著作就其意义来说，远远地超出了原定的目标。

威廉·白拉克根据自己在无产阶级阶级斗争中积累的实际经验，根据认真研读马克思的一些重要著作（如《资本论》《共产党宣言》《路易·波拿巴的雾月十八日》《法兰西内战》《国际工人协会宣言》）和国际的其他文献（如《所谓国际内部的分裂》），得到了如下的认识：仅仅在组织上与全德工人联合会决裂（像他在1869年所干的那样），并且在重大的政治决断上以马克思主义为指导，是

不够的，现在的问题在于，要在社会民主工党内部取得理论上的明确性，即克服拉萨尔主义的教条，完整地贯彻马克思和恩格斯所奠定的科学共产主义。

因此，威廉·白拉克把他的批判矛头首先指向了拉萨尔的由国家帮助生产合作社的建议，因为拉萨尔的许多错误的经济和政治观点是和这个主张联系着的。为解释他所采取的这一步骤，他在1873年写道："从前，作为全德工人联合会的成员，我是个热心的拉萨尔分子，深信拉萨尔的建议是行得通的。后来，当我熟悉了卡尔·马克思的著作并加入了'爱森纳赫党'之后，我越来越相信，为实现这项建议所作的努力，对工人运动说来，不仅无益，反而有害。这种信念在社会民主工党内传播得非常广泛，以至于使我认为，爱森纳赫纲领最后要求中的第十条无须进一步的压力很快就会被抛弃，代之以较高的要求。在这个问题上我失算了。"①

白拉克肯定也知道马克思恩格斯给倍倍尔和李卜克内西的指示。他写作这本书是符合他们的要求的。而阶级运动的实践越来越迫使他和拉萨尔的教条决裂，捍卫马克思

---

① 威廉·白拉克《拉萨尔的建议》第3页。

学说的正确性。

促使他写这篇著作并促使不伦瑞克成员提出修改党纲的建议的外部原因，是党内就不伦瑞克同志们的企图所产生的严重对立，这些同志打算在"民主选举协会"和小资产阶级民主派的成员一道准备迎接选举。他们把爱森纳赫纲领第Ⅲ部分的前九条作为选举协会的基础，这些条文的内容是要求在德国建立民主制度。要求"国家帮助生产合作社"的第十条被删去了。这引起了党内和全德工人联合会内的轩然大波，因为放弃这一条被看作放弃整个纲领中最重要的社会主义要求。

不伦瑞克的党员同志们在白拉克的领导下，对这一指责表明了态度。他们首先指出，民主选举协会和党的组织并不是等同的，另一方面他们承认，他们不再赞同这个第十条了，因为他们认为，这一条不符合阶级运动的要求。"并不是因为这一条对他们说来过于社会主义了，而是因为过于非社会主义了，所以他们不能继续支持这一条。"①

威廉·白拉克在答复《人民国家报》上的批评时就已

_____

① 威廉·白拉克《拉萨尔的建议》第6页。

声明："因此，我们并没有想到要取消或否认第十条，正像我们没有想到放弃纲领第Ⅱ部分中列入的原理一样。但是，在这里有必要指出，第十条对于纲领的社会主义一面说来，根本不具有任何原则性的意义。只有第Ⅱ部分中的有关原理才具有这种意义。第十条是个实际性的建议，是个推荐性的试验，它或许能使社会发展到社会主义……但是，在我看来，这类试验与其说可以促进社会主义生产方式的实行，倒不如说是阻碍；在我看来，马克思在《资本论》第一卷的结尾所阐述的观点才是正确的，资本主义生产方式本身将成为社会主义之母，不论有何种何样的反抗……"①

　　毫无疑问，朋友和敌人对于不伦瑞克党内同志们的行动所提出的批评，促使白拉克更为彻底地检验自己的立场。结果是，白拉克代表社会民主工党不伦瑞克成员书写了一项建议，准备提交 1873 年爱森纳赫党代表大会。在 1873 年 8 月 9 日不伦瑞克党员集会上，这项修改党纲的建议②被通过。作为重新撰写党纲的具体意见，白拉克提出如下几点以取代国家帮助生产合作社的要求：

---

　　①　《不伦瑞克人民之友报》1873 年 2 月 18 日。
　　②　参见威廉·白拉克《拉萨尔的建议》第 6—8 页。

"必须广泛地组织工会，以维护工人在现今生产方式中的利益。

"说明现代社会的运动规律及其目的：消灭对于一切现在被称为资本的东西的私人占有，从而**消灭雇佣劳动**。

"无产阶级的国际属性。"[①]

这些意见清楚地显示出，白拉克在政治上和理论上业已成熟，对于无产阶级政党的任务有了深刻的了解。白拉克认为自己建议中的主要点在于反对拉萨尔的教条，在于贯彻新的、完全社会主义的、与无产阶级阶级运动相适应的条文。

为了捍卫自己的信念，为了论证和说明自己的修改纲领的建议，白拉克发表了他的著作《拉萨尔的建议》，这篇著作第一次在党内开展了马克思和恩格斯早就要求的在理论上与拉萨尔的斗争。当然，白拉克所进行的这场斗争还不够全面，但是，在当时说来，它不失为对拉萨尔各种主要论点的出色批判，马克思和恩格斯在批判哥达纲领时又评述过这些论点。

---

① 威廉·白拉克《拉萨尔的建议》第8页。

白拉克开始的斗争清楚地表明：马克思主义已经获得深远的影响；在爱森纳赫党内完全有力量，能够把自己的理论见解与革命实践相结合，并善于批判地反对拉萨尔主义。

"工人阶级只有依靠自己的力量和觉悟才能获得解放。除此以外，不能依靠任何人！"

　　促使白拉克清算拉萨尔的国家帮助生产合作社的建议的理论基础的，是马克思的《资本论》。根据这部著作，白拉克透彻地分析了被拉萨尔及其继承者们大肆吹嘘的这副"万应灵药"，在经济上和政治上都是站不住脚的。

　　白拉克首先深刻证明，根本不存在实现拉萨尔建议的政治前提。在他的批判性论述的最后，他无情地谴责了拉萨尔和普鲁士王国以及俾斯麦的勾结，论证了"社会王国思想"的荒谬。他在这篇反对拉萨尔观点的论战性著作中强调指出，"由王室来解放工人阶级……是不可能的"，他援用马克思的理论，提出了如下论断，从而使论战达到高

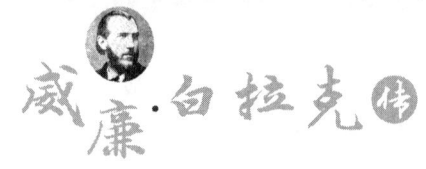

潮:"工人阶级只有依靠自己的力量和觉悟才能获得解放。除此以外,不能依靠任何人!"①

白拉克坚决反对那种认为在统治阶级和无产阶级之间可以产生和谐一致的观点,以及对于"和平长入"社会主义的期望。他说,希望有产阶级人道地接受无产阶级的正义要求,从而实现拉萨尔的建议,这纯属空想,因为"有产阶级**不可能**违背它自己的阶级利益而行动。有产阶级中的个别人可能采取这种行动而转入工人运动的阵营。但是对于有产**阶级**来说,这是**不可能的**"②。白拉克用巴黎公社的例子来加强他的论点,巴黎公社使人清楚地看到,无产阶级和资产阶级之间、无产阶级国家和剥削阶级国家之间,存在着不可调和的阶级对立。

白拉克在他的论述的第一部分结尾,自然地得出如下的结论:拉萨尔的建议在政治方面不过是"**徒然追求宫廷恩准的普鲁士王国政府的社会主义**"③,因此,如果党继续宣传这个要求,那对工人运动是不负责任的。

白拉克坚决否定和普鲁士国家进行合作这样一条典型

---

① 威廉·白拉克《拉萨尔的建议》第44页。

② 威廉·白拉克《拉萨尔的建议》第44页。

③ 威廉·白拉克《拉萨尔的建议》第45页。

"工人阶级只有依靠自己的力量和觉悟才能获得解放。
除此以外，不能依靠任何人！"

的拉萨尔主义路线，他表达了社会民主工党对这个国家的原则性的敌对。

在论述的第二部分，白拉克分析了拉萨尔建议的经济意义。他令人信服地指出，计划中的生产合作社，处在资本主义社会制度的范围内，即在资本家和容克地主的经济和政治统治之下，也必然带有资本主义性质。

白拉克虽然承认，有些地方出现的生产合作社能够表明，合作的生产形式同私人资本主义的生产形式一样，也是可能实现的；但是他认为，这些生产合作社不能持久地、从根本上帮助无产阶级。正因为如此，"必须最严厉地警告工人阶级，不能把生产合作社看作自身**解放的手段**"①。白拉克写道：

"人们可以看到：**拉萨尔的建议**——如果说不是**绝对不能实行的话**——就拉萨尔所设想的方式和效果来说也是**不能实行的；这个建议绝不可能以迫切的必然性变革经济社会，以至于最终实现工人阶级的解放，废除雇佣劳动和资本主义生产方式**。"②

白拉克经济上和政治上的考虑，使他自然地得出下

① 威廉·白拉克《拉萨尔的建议》第49页。
② 威廉·白拉克《拉萨尔的建议》第18页。

面这个完全正确的结论：工人生产合作社既不可能为新的生产方式创造经济前提，也不可能造就赢得社会主义的政治力量；工人阶级绝不可能借助容克和资产阶级国家和平长入社会主义。在他的所有信念中，都贯穿着这样一种认识，即工人阶级将要取得的一切，只能是他们自己反对剥削阶级及其国家的斗争的结果。

白拉克提出剥夺剥夺者的要求作为建立社会主义生产方式的前提，并以此反对拉萨尔的由国家帮助生产合作社的要求。"因此，他们，矿山、铁路、工厂和土地的所有者必须**被剥夺**！"[①] 白拉克把这一条看作通向社会主义的正确道路，而在现存社会制度范围内进行的任何局部实验都是不足取的。当资本主义生产方式完成了它的使命以后，剥夺就必然到来。他深信，没收剥削阶级的财产将把人类从资本的桎梏下解放出来。只有这种剥夺才能在经济方面创造决定性的基础，使人类走向唯一敬重人的尊严的、无阶级的共产主义社会。

毫无疑问，威廉·白拉克之所以能够全面深入地批判资本主义制度下的生产合作社、它的作用和性质，是由于

---

① 威廉·白拉克《拉萨尔的建议》第47页。

> **"工人阶级只有依靠自己的力量和觉悟才能获得解放。**
> **除此以外，不能依靠任何人！"**

他研究了马克思和恩格斯的著作。《资本论》对于白拉克批判拉萨尔建议的经济和政治意义无疑影响最大，但《共产党宣言》，特别是《路易·波拿巴的雾月十八日》，在白拉克的马克思主义觉悟的形成以及他与拉萨尔主义的论战中，也起了重大的作用。

批判拉萨尔的要求，同批判这个要求所追求的宗派组织形式不可分割地联系在一起。白拉克把拉萨尔的建议合乎逻辑地看作全德工人联合会这个宗派运动的特殊标记。

第一国际总委员会的内部通告《所谓国际内部的分裂》，成了白拉克和宗派运动论战的理论出发点。

白拉克想使他的读者首先了解，工人运动内部不同宗派所持的观点并不是建立在对历史发展规律性的认识上，而是个别人物主观意识的或多或少带有投机性质的产物。

白拉克决不否认思想意识在历史发展中所起的作用，但是他否认思想意识具有唯一起决定性的、第一位的作用。在他的历史观中的这种唯物主义构思，使他能够认识到，对一个新的、完美无缺的社会制度无论设想得怎样精密，如果这设想不符合人类社会客观发展规律，那也毫无实现的希望。"如果要改造现实，那就只有在认清了起决

定作用的原因之后，努力改变或消除这些原因，或用其他原因取代之，或增添新的原因。"① 白拉克认为，认识人类社会发展的规律性并按照这种规律性办事，是起决定性作用的。

白拉克唯物主义历史观的出发点是：他认为，人类社会的发展是按规律进行的，这种发展是可以认识的，工人运动是这种发展的产物，工人的斗争和它的最后胜利是合乎规律的历史发展的必然结果。

白拉克从这一立场出发来批判宗派运动，他认为宗派运动的最大弱点在于，它不是从客观发展过程出发，相反地却试图给历史的发展打上自己的主观印记。白拉克把自己对于宗派运动的总的看法归纳如下："因为所有这些建议、良方、体系都不能够按照自己的公式改造现实，所以，它们一向是由**特殊的宗派所维护**，而不论其中的那一个宗派都把自己的体系看作**唯一能拯救世人的**，看作自己的心上物。广大的工人群众对此是漠不关心的。因此，宗派运动脱离工人群众中的一般生活，脱离工人阶级的一般运动。""它不能代表它那个阶层的阶级利益，不能进行任

① 威廉·白拉克《拉萨尔的建议》第51页。

何统一的、较大规模的整体运动。"①

白拉克解释说，宗派运动是工人运动的幼年时期，当
无产阶级作为一个自在的阶级还没有充分形成，它的斗争
的科学基础还没有制定出来的时候，宗派运动还有存在的
理由。但是他确认，即使在德国，工人运动也早已摆脱了
它的幼稚阶段。

对宗派运动的这种一般性分析，基本上符合第一国际
的论断，对于白拉克来说，这种分析是他评价全德工人联
合会的基础。他的批判针对该会不民主的组织原则，从拉
萨尔的个人独裁，到施韦泽 1869 年搞的"政变"，乃至
在特耳克和哈赛尔曼领导下的现今状况。不民主的组织
形式是白拉克在批判宗派时抓住的第一个特征。第二个
突出的特点，白拉克认为是死抱住拉萨尔的教条不放和
由此产生的个人崇拜。最后，白拉克还指出了第三个尤
为令人注目的特点：联合会领导人和普鲁士政府危险的、
叛卖性的勾结。

在批判宗派运动的特点和方法时，白拉克必须提出，
怎样才能取得德国工人运动的统一。他一再强调，工人阶

---

① 威廉·白拉克《拉萨尔的建议》第 51—52 页。

级间的兄弟之争只是有利于统治阶级，全德工人联合会制造的争端，不论是有意还是无意，等于帮了政府的忙，使政府从工人运动的分裂中坐收渔利。但他又指出，分裂是由全德工人联合会推行的一系列观点造成的，因此也只有在取消不民主的组织形式和拉萨尔的教条之后，才能消除分裂。

白拉克鞭辟入里的论述，清楚地显示了他自己的观点和他的马克思主义立场。白拉克认为，无产阶级要达到自己的社会主义目标，必须彻底地改造社会的经济和政治关系。他从鲜明的马克思主义观点出发，认为只有无产阶级作为一个阶级负有建设社会主义社会制度和把人类从剥削的桎梏下解放出来的使命。白拉克深知，无产阶级要想完成自己的历史使命，需要有一个科学的世界观，帮助它认清现代社会的发展规律，需要有一个应对社会和自然的科学认识作为行动方针的革命政党。白拉克认为，马克思和恩格斯的论著阐述了这种科学基础。他的著作的以下几章就是用来论证和进一步说明这一立场的。

像一根红线那样贯穿在第Ⅴ章（现代社会的发展规律）、第Ⅵ章（阶级运动）和第Ⅶ章（社会主义社会）当中的基本思想是：无产阶级的斗争是建立在资本主义社会发展的规律性上面的，这一斗争必将导致社会主义的胜利。

"工人阶级只有依靠自己的力量和觉悟才能获得解放。

除此以外，不能依靠任何人！"

白拉克把导致资本垄断的资本集中过程和社会化的生产与私人占有之间越来越尖锐的矛盾看作现代社会的发展规律，他认为，只有通过资本主义生产的自我否定、通过剥夺剥夺者，才能解决这一矛盾。

马克思认为，资本主义生产由于自然过程的必然性，造成了对自身的否定。[1] 这一论断成了白拉克全部理论与实践活动的基础和指南。这个自然过程他用自己的话说明如下："如果有朝一日资本主义生产为社会主义生产铺平了道路，而与此同时社会财富分配中的不合理达到了登峰造极的程度，那时，人民群众就会奋起把少数人不合理的、长期霸占的财产夺过来。之所以说不合理，是因为这财产来自他人劳动的血汗！那时，生产资料的私有制就会被废除，从而真正地实现工人阶级的解放。"[2]

无产阶级的解放斗争是一种客观规律，白拉克把这一认识和另一个思想联系在一起，即这场斗争将违背统治阶级的意志，不顾宗派运动的各种观念而进行下去。这并不是说，白拉克主张历史发展的自发性。恰恰相反，他确信，必须利用这一认识来促进和指引无产阶级的阶级斗

---

[1] 《马克思恩格斯全集》第 23 卷第 832 页。

[2] 威廉·白拉克《拉萨尔的建议》第 63 页。

争。白拉克写道：

"我们正走向伟大的、影响深远的转变。不论这种转变是和平地进行，还是统治阶级力图把不可遏制的发展扼杀在那些自觉地站在这发展一边的人的血泊中（1871年的巴黎）。对无产阶级来说，具有头等重要意义的是，要弄清将发生什么样的变化——不管它愿意不愿意，这种变化是必然地、不可避免地要发生的。

"如果工人阶级知道，正在发生着什么样的变化，那么，将来的转变在出现时产生的阵痛就会大为减轻。如果它不理解这一点，就会作出许多徒劳无益的努力，进行许多徒劳无益的斗争，流出许多徒劳无益的鲜血……"①

这些话体现了他对无产阶级革命理论的认识，并强调了这种理论对工人阶级进行卓有成效的斗争的必要性。正是这种认识推动他，要求把对现代社会的运动规律及其目标——消灭对一切现在称之为资本的东西的私人占有，从而消灭雇佣劳动——的解释列入党纲条文中。正是这种认识，使他有可能在以后的年代里在德国工人运动中全力传播马克思主义。

---

① 威廉·白拉克《拉萨尔的建议》第64页。

"工人阶级只有依靠自己的力量和觉悟才能获得解放。
除此以外，不能依靠任何人！"

尽管白拉克对工人运动内部的不同见解持宽容的态度，然而他坚信：只有马克思主义才是工人阶级的科学理论，马克思主义一定会战胜其他的小资产阶级社会主义理论。

白拉克在领悟马克思主义理论的过程中，逐渐地克服了拉萨尔主义思想的流毒。正如他在经济学和政治领域中信奉马克思那样，他在自己的哲学和历史观点的形成过程中，也接受了马克思的影响。如此多方面地取得马克思主义造诣，使他越来越深刻地理解了阶级运动的要求和党在工人阶级斗争中的作用。

白拉克认为，无产阶级进行卓有成效的斗争所应具备的决定性前提是无产阶级的组织。无产阶级必须在不同的领域展开有组织的斗争，既在经济的和政治的领域，也在理论的领域进行战斗。白拉克正是把这种整体性看成阶级运动的本质，同时他从未忽视阶级运动的国际性。

结合自己对无产阶级组织的必要性和作用的认识，白拉克强调指出，关于资本主义必然自掘坟墓的科学见解绝不意味着放弃阶级斗争。只要资本主义生产方式还存在，工人阶级就必须在各个领域开展阶级斗争。斗争的决定性前提就是无产阶级的国内和国际的各级组织。组织的性质

必须是民主的。他在全德工人联合会中的沉痛教训促使他不断地反对专制性领导，但是他也坚决主张，必须使中央领导具备一切条件统一地和有计划地领导斗争。白拉克把民主集中制看作组织是否强大的重要前提。而更加重要的是，无产阶级的各级组织不能孤立存在。"它们必须置身于工人群众的生活之中，反映这种生活，表现这种生活。虽然它们从来不可能囊括整个阶级，但整个阶级必须感到自己是属于它们的，与它们休戚与共的。"①

关于无产阶级阶级组织的重要标准、阶级组织的领导任务、它与广大群众紧密联系的必要性，以及它的民主精神——所有这些观点白拉克都出色地加以阐述了。

在社会领域，按照他的意见，首先是工会要尽其斗争职责，即用赋予它的一切手段反对日益加剧的剥削，为工人争取尽可能高的工资和正常工作日。在这方面，白拉克也把他从前的一些拉萨尔主义观点，诸如不承认和怀疑罢工斗争的意义，捍卫所谓的"铁的"工资规律等，远远地抛弃了。而他向代表大会提出的修改党纲的建议则十分清楚地表明，他多么重视工会组织及其与无产阶级政党的联系。

① 威廉·白拉克《拉萨尔的建议》第 68 页。

"工人阶级只有依靠自己的力量和觉悟才能获得解放。
除此以外，不能依靠任何人！"

白拉克指出，政治领域里的斗争，在德国资本主义生产方式的现今条件下，首先必须是争取和捍卫人民的民主权利的斗争。"既得利益的阶级尽力由自己和为自己来统治国家。它们想按照自己的要求来安排一切。它们给被统治阶级尽可能少的权利、尽可能少的自由；它们向广大人民群众提供的是次等的学校、不完备的法律；它们用一支庞大的常规军为自己保驾，通过征收间接税来弥补一切开支。"[1] 工人阶级必须展开争取政治权利、反对现存的剥削阶级国家的斗争。这样一来，工人阶级就完全站在民主的基础上。领导工人阶级的重任，只有德国社会民主工党才能承担，因为党的组织和党纲的基本点提供了胜利的保证。只有党当之无愧地代表着阶级运动。"在这段时间里，工人群众感到自己同党团结在一起，同呼吸共命运，他们把党看作自己天然的中心。"[2]

白拉克就党纲所写的著作，证明他在各个不同领域都具有理论认识能力，并且能够从马克思主义立场出发，判断工人运动发展中出现的复杂问题。

---

① 威廉·白拉克《拉萨尔的建议》第67页。
② 威廉·白拉克《拉萨尔的建议》第70页。

反对"反动的一帮"的说法

　　白拉克在实际的政治斗争中早已把拉萨尔的政策抛弃了，现在，在他的著作中，他也在理论领域同拉萨尔的思想彻底决裂了。他为爱森纳赫党从事的全部活动证实了这一点。同传统的拉萨尔观点这种彻底的决裂最为明显的是表现在他对同盟问题的立场上。

　　拉萨尔力图实行所谓现实政策，他与俾斯麦和普鲁士的容克政党相来往，这样他就束缚住了自己的手脚，无法推行并在理论上制定出一项正确的、符合德国进步力量利益的同盟政策，来帮助这支力量取得发展。拉萨尔追随俾斯麦的政策，使他无法把农村无产阶级吸引到工业无产阶级的斗争中来；向俾斯麦主动示好，使他无法把工人阶级和劳动农民以及小资产阶级中的民主力量结成联盟，从而建立反对普鲁士反动力量的共同斗争阵线。从这种政治布局出发，自然地就轻视无产阶级的同盟军，这表现在他提出的"反动的一帮"这个口号上，该口号后来甚至写进了哥达纲领中。

与此相反，马克思和恩格斯从革命运动的经验出发，并考虑到各个国家有待解决的具体历史任务，提出了工人运动的目标必须是争取城乡同盟军，利用一切可以利用的力量。他们既关心使工人运动与其他民主力量联合起来以解决民主任务，又注意使工人政党与小资产阶级民主运动划清界限，保持独立性，以便工人政党能够完成自身的阶级使命。

白拉克属于党内致力于贯彻一项有利于阶级运动的正确的同盟政策的那种力量。他在全德工人联合会活动期间就已显示出，他在同盟这个问题上，与全德工人联合会中的主导意见相左。这种态度便于他以后在同盟政策上站在马克思主义的立场上，在社会民主工党内部为正确解决这个复杂的问题而积极努力。这一点既表现在他对农民的态度上，又表现在他对小资产阶级民主派的立场上。

为迎接1874年的帝国国会选举而在1873年底举行的党的全国代表会议上，白拉克表达了他的普遍适用的关于

工人政党和其他劳动阶层的关系的见解。代表会议的决议（其理论部分出自白拉克的手笔）写道："代表会议认为，为了反对今天的不合理状态，建立合理的状态，全国的劳动人民必须联合起来。在爱森纳赫建立的社会民主工党以及工会是这种联合的媒介，前者通过领导社会政治斗争，后者通过支援其成员与敌人展开各式各样的斗争，……工党把所有自力谋生，亦即靠个人劳动的收入为生的人，也就是城乡所有体力和脑力劳动者、职员、手工业者和小农的大多数看作自己在这场正义斗争中的同盟者……"①

这段话是对"反动的一帮"的说法的断然拒绝，清楚地提出了，在反对敌视人民的俾斯麦政体的斗争中，所有民主力量应结合在一起。

在过去的年代里，白拉克已经一再地作出努力，以便把农业工人争取到社会民主党这一边来。在第一国际有关决议的鼓励下，在马克思恩格斯的著作和巴黎公社经验的推动下，白拉克坚持不懈地努力，以求农村劳动人民积极主动地参加到斗争中来，反对普鲁士容克地主和军人集团以及德国大资产阶级的敌视人民的统治。基于对劳动农民

---

① 《不伦瑞克人民之友报》1873 年 12 月 9 日。

以及城市中等阶级的经济状况和由此产生的政治态度的深刻认识，他分析了这些阶层的阶级地位的复杂性，看到了它们所固有的两重性。以此为出发点，他恰如其分地确定了工党与这些阶层的关系，他写道："工党是唯一真正民主的政党，因为居民中除工人之外所有其他阶级的阶级利益同人人平等是背道而驰的。因此，凡是真诚热爱政治自由和平等的人，即使他对社会领域的平等还不甚清楚，必然地要和工人协力合作。此外，那人数众多的小资产者和小农的阶级和工人的阶级利益基本上是一致的，但是至今，他们当中认识到这一点的人还很少。这个阶级经常感到被驱使着为大资本的利益服务，因为它认为必须在工人运动面前小心翼翼地保护它的小财产，而且，这份财产越是来之不易，越是小，它就越发小心翼翼；但是在实际上，它的收入几乎全靠个人的劳动，受大资本的影响劳动的成果越来越减少，不可改变的命运在等着它：迟早被大资本的强大势力所压倒，完全下降为雇佣工人阶级。"[①]

在很多次集会上，白拉克向他的家乡地区的农村居民讲述了社会民主党的目标以及工人和农民的共同利益。无

①　威廉·白拉克《拉萨尔的建议》第5页。

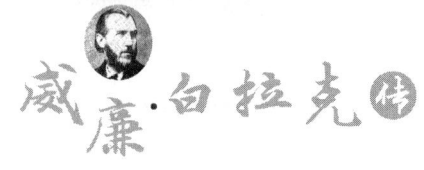

论是多么大的困难和诽谤都阻止不了他。特别是在选举期间，白拉克总是到处奔波。在这个过程中，他时常与试图破坏这些集会的社会民主党的敌人发生冲突。这些人甚至不惜采用卑鄙的暴力行为来对付我们这位不知疲倦的鼓动家。

在 1873—1874 年的帝国国会选举运动期间，《不伦瑞克人民之友报》不得不向它的读者报告，1873 年 11 月 9 日在布劳伊斯塔特举行的一次选举集会之后，发生了一起谋害白拉克的事件："…… 布劳伊斯塔特的群众集会开得很出色，我们的帝国国会候选人白拉克在热烈的掌声中讲了话。人们一致表示，只投白拉克的票。软弱无力的敌人穷凶极恶，他们对白拉克准备乘坐的车子下了手，把弹簧栓从车轮中抽出，好让车子半路出事。但是在开车之前，这个罪行被发现了。这些所谓忠实于帝国的民族的可怜虫，狂怒无济于事，竟不择手段，散布流言蜚语，采用暴力行为和违法行为。"[1]

不言而喻，白拉克和他的同志们绝不会被这些伎俩所吓倒，他们加倍地努力工作。在 1874 年和 1877 年两次帝

---

① 《不伦瑞克人民之友报》1873 年 11 月 11 日。

国国会选举当中赢得的选票，就是他们艰苦努力的报酬。

为了进一步加强党在农村地区的影响，白拉克决定，自1874年起出版《人民历书》，这本历书恰当地照顾到农民的特殊兴趣，甚至为不同的地区出了不同的版本。

在1876年的党代表大会上，有人提出，为了不影响党出版的历书①，应取消白拉克的《人民历书》。白拉克坚决主张历书继续存在下去，他强调说："白拉克的历书已渗入到我们党的历书没有进入的地区，因此，这本历书对我们非但无甚妨害，反而大为有益。它是一本很好的农民历书……"②

历书一直存在到反社会党人法公布之后，在白拉克的全力扶持下，达到了相当可观的水平，得到了广泛的传播。1876年和1877年，每年的销售量达4万份。

在这本历书中，白拉克不仅尽力关照农民的特殊兴趣，同时也尽力普及马克思的学说。恩格斯为1878年的历书写了一篇马克思的传记之后，白拉克想争取他继续写一些文章，比较详细地阐述马克思生平活动的各个阶

---

① 指德国社会主义工人党发行的党的历书《穷康拉德》。——译者注
② 《1863—1909年历届社会民主党代表大会手册》1910年慕尼黑版第229页。

段。然而，反社会党人法使这个有意义的、必要的计划未能得以实现。

把争取农民的斗争和宣传科学社会主义结合起来，这就使得《人民历书》具有了远远超出普通农民历书所具有的意义。

白拉克在农民各个阶层中进行的鼓动，在他自己的选区也获得了成效。党在农村的影响不断增长。这一点从1877年的一月选举中就可以看出来。在大量选票转移到大工业中心的同时，党在农村居民中的影响越来越大，这是具有特殊意义的。恩格斯满意地指出："除了那些我们取得多数的选区之外，无论在大城市还是乡村，我们虽是少数，也都得到了为数众多的选票……不仅在石勒苏益格－荷尔斯泰因、萨克森、不伦瑞克等地的农村，甚至在封建主义的堡垒——梅克伦堡，我们虽是少数，但从农民那里也获得很多票。"①

直到逝世前不久，白拉克还在研究农民问题，以及无产阶级在政治上夺取政权之后对农业的改造问题。1878年发生了行刺事件，在这之后举行的选举条件是困难的。白

---

① 《马克思恩格斯全集》第25卷第114页。

拉克不畏艰苦，为维护党在农村的影响而斗争。1880年3月11日，在他临终前几个星期，他给恩格斯写了最后一封信。就在这封信里，他还在考虑着农民问题以及在社会主义制度下如何解决这一问题。

恩格斯曾经提醒白拉克注意俄国的形势，白拉克受到启示，向恩格斯写道：

"……尽管我们的不伦瑞克农民的处境比较优越，但他们现在也已经开始认识到：存在着农民问题。目前，美国在小麦和玉米方面已经占优势，而且几年之内它在黑麦方面也会占优势。这是提高谷物进口税的多么难得的机会！可是实际上，他们却用空话和军国主义来帮助农业。不过，这样做终归要失败，如果我们固执的农民看到，这种制度怎样剥削他们，看到面对那一边的可怕竞争一切保护关税制度都无能为力，那他们最终还会成为最激烈的革命者。让那些向农民许以金山却又不能兑现的人倒霉吧！尽管如此，以后要对整个农业经营进行改组仍然是极其困难的。但是，每一次危机也使这个部门的工作像在工业部门一样，变得容易些。

"我对您讲的确实不是什么新东西，由您来讲可能比

我要好得多。"①

白拉克一再地谈到，在容克地主和资产阶级的德国，农民是没有任何前途的。在这里，一切都成了贪得无厌的摩洛赫②——军国主义的牺牲品。仅仅由于这个原因，农民必然要成为无产阶级的革命同盟军，只有无产阶级才能通过实行社会主义革命给农民开辟真正美好的未来。同时白拉克并没有忽略，正是农业的社会主义改造，整个村庄相连的大片耕地由农业合作社（即社会主义有组织的经济组成部分）进行有计划的耕种，将会是社会主义革命的一项十分艰巨的任务。但是他也毫不怀疑，发展的进程将会为卓有成效的社会主义经济和巩固的城乡联盟奠定基础。

白拉克在 19 世纪 70 年代的全部活动都贯穿着一种努力，即在农民中间以及在城市小资产阶级民主派中间为党寻求同盟者，以便在德国进行争取民主制度的斗争。

白拉克为争取农民群众所作的努力，无论在何地都受到了党的称赞，并得到了倍倍尔和李卜克内西的支持。但

---

① 《马克思恩格斯和白拉克通信集（1869—1880 年）》柏林狄茨出版社 1963 年版第 157 页。

② 摩洛赫是古腓尼基和迦太基宗教中的太阳神，祭祀摩洛赫时要用人做祭品。因此，摩洛赫这一名字成了残忍、吞噬一切的暴力的象征。——译者注

是，当白拉克力主建立"民主选举协会"的时候，爆发了那场大家已熟知的冲突，这冲突成了他写作《拉萨尔的建议》的外部原因。

1873年2月4日，《不伦瑞克人民之友报》报道了"民主选举协会"成立的消息，公布了由白拉克制定的章程。章程的第一条写道："民主选举协会致力于在民主的基础上改善不伦瑞克公国公共事务和全德国事务中的政治、社会状态。这一民主基础在爱森纳赫纲领的前九条中业已写明。"

尽管最初有人反对，但民主选举协会还是存在了下来，而且在白拉克的领导下，协会获得了理想的发展和壮大。继社会民主协会在1871年被禁之后，白拉克又在民主选举协会施展出他的政治才干。选举协会的任务是组织工人投入选举，把零散的小资产阶级民主派集结起来，共同进行反对强大的反动势力的斗争。斗争的目标首先是针对在不伦瑞克仍然存在着的反动的三级选举制，争取市政事务的民主改革。在市政选举中，民主选举协会的候选人在第三级选民中战胜了民族自由党的"市民协会"的候选人，这一成就证明了选举协会的活动能力。

在德意志帝国于1871年建立以后，也就是说，在德

国实现了"自上而下"的统一以后，德国的问题首先就是要把已争取到的统一置于民主的基础上，为民主共和国而奋斗。从这个任务出发，有必要也有可能和仍然存留下来的、忠于1848—1849年革命理想的资产阶级民主派联合起来，反对容克地主和德国大资产阶级反动的阶级同盟。

不言而喻，这一斗争要想获得成功，只有确保工人阶级及其政党的领导，确保工人阶级在组织上、政治上和思想上的独立性。

白拉克是十分清楚这一点的。因此，他不断地和那些批评民主选举协会的人展开辩论，这些人担心，选举协会会有损党的独立性。白拉克和他的朋友们丝毫没有想到，比方说，为了和小资产阶级民主派合作而牺牲党的独立性，或者把自己降到民主派的水平上，他们给《人民国家报》的声明就证实了这一点，在声明中他们毫不含混地指出：

"本地的党组织和选举协会并不是一回事。党组织丝毫不受协会的影响，它始终存在着，并且获得了极其满意的发展。爱森纳赫纲领同样没有受到任何触犯，这里的党员同志们首先毫无保留地为全德国而鼓动，他们一如既往，与全德国的兄弟们并肩携手，为实现共同的目标努力奋斗。党员同志们认为参加本地的选举协会是必要的，因为这是争取本地小资产阶级的即使不是唯一的也是最好的手段，这些人对爱森纳赫纲领的很多条款是抱有同情的，我们可以争取他们首先为民主，然后为社会民主主义而斗争。民主选举协会是座桥梁。**本地不存在任何资产阶级民主派的政党，这里所进行的不过是在小资产阶级当中的鼓动。**不伦瑞克地区的情况使得采取这种方法成为必要，多年的经验表明，这种方法是行之有效的。至于说鼓动的方式，本地的党员同志们要求外界的朋友们予以信任。这些朋友尽可以放心，我们没有与其他政党搞任何妥协，过去没有搞，现在也没有搞，我们丝毫没有放弃原则……"①

白拉克于 1873 年 3 月 19 日写信给李卜克内西，催促他发表该声明，结果《人民国家报》在 3 月 29 日予以登载。白拉克以简洁而又尖锐的文字向他的朋友们保证说："没有向民主选举协会妥协。**这里不存在**资产阶级民主派的政党。如果提到这样的政党，那不过是我们有意放的烟幕。总的说来，民主选举协会只是在庸人中进行鼓动的工具。要争取他们，先抓住手，然后全身。工人们需要取得

① 《人民国家报》1873 年 3 月 29 日。

成功，他们看到我们把庸人从敌人营垒中拉出来非常高兴，笑得前俯后仰。我们自己坚如磐石，敢于去做这种不寻常的举动。但是，这些事我们不能公开地说！！没有民主选举协会，在帝国国会的选举中获胜是不可能的。庸人们会把我们搞垮的。有了民主选举协会，一定能为社会民主党争得完全胜利。让我们放手地去干吧！"①

从白拉克和他的不伦瑞克同志们的意图中，我们很难得出结论说：白拉克大概想放弃工人阶级的独立政党，去搞一个广泛的、普遍的人民党。要知道，为了工人阶级政党卓有成效的发展，白拉克多年来不顾个人的牺牲，一直不知疲倦地工作着，而且他本人也一再论述这个政党领导无产阶级解放斗争的绝对必要性。因此，也根本谈不上什么白拉克"决心把社会民主党从纯产业工人政党的孤立状态中解脱出来，把它扩大为包括工人，小农、中等阶级和具有民主思想的知识分子的广泛民主运动"②。按照这种评价，白拉克实际上就成了德意志联邦共和国社会民主党右翼领袖们所宣传的"全民党"的先驱，他们想用全民党取

---

① 格奥尔格·埃克尔特《不伦瑞克工人运动的开端》第 34 页。
② 格奥尔格·埃克尔特《威廉·白拉克和不伦瑞克运动的开端》第 17 页。

代无产阶级的阶级政党。

这样一种评价从历史上说也完全颠倒了事实，因为白拉克并不是致力于在民主团结运动中解散工人政党，他丝毫没有想到要放弃工人政党的独立性——不论是在组织上，或是政治上，或是在思想意识方面。对他说来，问题不是与另外的政党进行不能容许的妥协，而仅仅在于作出一番努力，把不伦瑞克小资产阶级民主派分散的力量组织起来，在工人政党的领导下进行反对反动派的共同斗争。

在党内，这个引起争议的事件没有继续辩论下去。1873 年爱森纳赫党代表大会以简洁的结论结束了这场论战，代表大会表示，它不把这一点列入议程。这样一来，代表大会就让不伦瑞克的同志们放手继续民主选举协会的工作，大会确信，在白拉克的领导下，不伦瑞克绝不会放弃无产阶级的阶级立场。

不伦瑞克的同志们没有辜负党的期望。选举协会的历史表明，直到它最终同样成为反社会党人法的牺牲品为止，工人政党始终在协会中居领导地位。另外一个事实也说明了这一点，在那些年里，被提名为帝国国会候选人的始终只是白拉克，从而使他在 1877 年和 1878 年的选举中在不伦瑞克市得以战胜他的对手。

　　不少事实可以证明，特别应该指出的是：在1875年辩论纲领的困难形势下，在1876—1877年的杜林事件中以及在当局颁布反社会党人法党面临着空前严重局势的第一年，白拉克比党的某些领袖更加致力于维护党在一切领域里的独立性。

"这一纲领是我所不能接受的……"

　　白拉克在 1873 年爱森纳赫党代表大会上提出自己的有关纲领的议案，在纲领问题上打响了第一炮。然而，他的建议在这次大会上没有受到足够的重视。但是，修改纲领的问题已经公开摆出来了，党必须认真对待它。于是，成立了一个委员会，为下届党代表大会就纲领问题展开辩论作准备。白拉克虽然没有被选入纲领委员会，但是他一再地接到各个方面的请求，要他通力协作。

　　威廉·李卜克内西请白拉克再次谈谈对修改纲领的意见。白拉克除了对几个小的地方作了更准确的表述之外，仍然坚持他提出的建议。

　　白拉克当时因为"对一名执行职务的官员粗暴无理"又被判处几个星期的监禁，他在 1874 年 4 月 16 日从不伦

瑞克市监狱里给李卜克内西写了回信。李卜克内西那时刚刚从胡贝尔茨堡的城堡中获释，他被判的是要塞监禁。白拉克在信中写道："……衷心祝贺！但愿命运在未来对你仁慈些，不要再让你长时间地'休闲'！像我在这里蹲两个星期，或者像你还要服刑三个星期，如果命运这样安排了，对我们大家来说，有时倒也无妨。倍倍尔若是马上也能自由该多好啊！至于纲领问题，老实说，我一直没有时间去认认真真地思考一下。"白拉克的营业状况再次陷入极端困难的境地。他一想到小威廉·白拉克商号的亏损就不禁发愁。"我还坚持我在小册子里提出的建议，只是'一切称之为资本的东西'那句话，最好改为'一切生产资料'。"此外，白拉克认为重新阐述党在目前的任务是绝对必要的。他对于党代表大会没有指定他为纲领委员会的成员显然有些失望，因为他在这封信的结尾写道："话说回来，我并不是委员会的成员。不过我应该相信，对这件事看来很感兴趣的狄慈根，已经深思熟虑过了。"①

马克思和恩格斯也期待着白拉克，希望他在纲领的辩论中不要坐视不管。他们密切地注视着白拉克为把党从拉

---

① 格奥尔格·埃克尔特《不伦瑞克工人运动的开端》第41—43页。

萨尔主义的残余中解放出来所作的努力。他们高度评价他对拉萨尔主义的批判。正因为如此，恩格斯在1874年6月才写信给白拉克，就纲领辩论的问题作出许多重要的指示，白拉克把这些指示又转达给威廉·李卜克内西。①

为准备1874年科堡代表大会，《不伦瑞克人民之友报》以及《人民国家报》摘要发表了白拉克的著作，把它提交讨论。在1874年7月召开的科堡代表大会上，就修改纲领的问题展开了十分深入的讨论。供讨论的不仅有白拉克的建议，其他一些同志，例如尤利乌斯·莫特勒，也都表示赞成修改党纲，并提出了建议。他们的目的是，牢固地奠定好党的理论基础，使之成为制定长远的、正确的政策的决定性出发点。

科堡代表大会上的讨论表明，这种认识已越来越深入人心。不过，代表大会未作出最后决定，又推迟了一年，以便利用这段时间去说服当时持反对意见的同志。当时，委员会并没有认清要把思想意识的争论坚定地进行到底的迫切必要性，尽管有许多正确意见坚持要把这场争论进行到底。这一点归根结底反映了党的某些领导成员在一

---

① 这里提到的恩格斯给白拉克的信，至今未见发表。——译者注

定程度上轻视党的理论基础，而这种不坚定性在以后的日子里酿成了苦果。

澄清自己的理论基础不仅对爱森纳赫派本身的发展十分重要，而且具有现实意义，因为与全德工人联合会的合并越来越有可能。时间不等人。

在德意志帝国建立后的这几年，爱森纳赫派与拉萨尔派的兄弟之争还没有结束，往往表现出新的尖锐性。但是，时间并没有白白地度过。围绕如何统一德国的问题展开的争论，已被事实的力量从历史上勾去。科学共产主义在德国工人运动中的影响增大了，马克思和恩格斯的学说越来越被德国的社会主义工人所接受。一方面是马克思和恩格斯的影响，另一方面是拉萨尔派工人幻想的开始破灭（这是由于拉萨尔的教条与所面临的普鲁士－德意志军人国家以及反对资产阶级和容克地主的残酷阶级斗争这些严酷的现实和明显的矛盾所引起的），在全德工人联合会的队伍中造成了人心涣散，逐步解体。全德工人联合会的大部分成员认识到，工人阶级的敌人是共同的，工人的分裂只能为敌人所利用，而工人的统一则是敌人所畏惧的。不分哪派的工人同样遭到敌人的迫害，这一点加强了他们的认识。他们目睹了爱森纳赫派果敢的斗争和卓有成效的发展，要求他们的领袖和对方进行谈判。迄今为止爱森纳赫派伸出的谅解之手一再被全德工人联合会的领导所拒绝，而现在，1874年秋，分裂为几个对立派别的全德工人联合会却不得不请求爱森纳赫派的领导举行合并商谈。马克思对形势的分析是："拉萨尔派的领袖们之所以跑来靠拢我们，是因为他们为形势所迫。"[①]

科堡代表大会曾经估计到，全德工人联合会内部会出现这种发展。代表们原则上一致同意，在拉萨尔主义的基础上是谈不上联合的。因此，威廉·李卜克内西也完全正确地主张，在两党以截然不同的理论原则——马克思主义和拉萨尔主义作为它们行动的基础的时候，应该首先谋求两党在反对共同敌人的斗争中达成一致，而不急于把联合提到日程上来。

科堡代表大会虽然在讨论纲领问题上还缺乏必要的坚定性，但是总的说来，代表大会表明，党内有人才、有能力，足以在马克思主义的基础上取得两党未来的联合。当拉萨尔派的领袖们被迫跑来请求谈判的时候，爱森纳赫派的领袖们本来握有一切筹码，借以实现德国工人运动的革

---

① 《马克思恩格斯和白拉克通信集（1869—1880年）》柏林狄茨出版社1963年版第14页。

命统一。但是，他们没有很好地利用这个机会。

社会民主工党的领袖们眼见多年的兄弟之争就要消除，内心充满了喜悦，他们被党内广大群众强烈的统一愿望所驱使，而且过高地估计了拉萨尔派领袖们的投降准备，在一定程度上又低估了思想意识斗争的重要性，这一切促使他们一心想谈判，最后导致 1875 年的哥达妥协纲领。合并谈判的进程操控在威廉·李卜克内西的手里，他出于对合并事业的急切和自豪，全然忘记了科堡代表大会的正确认识。

当爱森纳赫派和全德工人联合会两派代表之间的谈判在 1875 年春迅速进展使合并近在眼前的时候，一个新的党纲草案公布了。这个草案和爱森纳赫派已经达到的理论发展水平极不相称，同时和党的革命实践、党反对容克地主－资产阶级军事国家的斗争也不相适应。纲领草案不外是拉萨尔主义的折中物、庸俗民主主义的词句和从马克思及恩格斯著作中抄来并加以篡改的命题。[1]

这个草案是不负责任的让步的产物，绝不是理论斗争的成果。它不言而喻地激起马克思、恩格斯以及国际

---

[1] 《马克思恩格斯和白拉克通信集（1869—1880 年）》柏林狄茨出版社 1963 年版第 46 页。

工人运动的其他成员毫不迟疑的强烈抗议，在党内也遭到了反对。

　　奥古斯特·倍倍尔还在茨维考监狱里服刑。威廉·白拉克在这几个月被父亲的商号和自己的出版社的业务所缠，忙得不可开交。而更为主要的是，他的健康状况已经越来越令人忧虑，使得他时常被迫脱离开一切重大的党务活动。倍倍尔和白拉克这两个人是当时爱森纳赫派最成熟的领袖，是理论上最清醒的代表，而他们两人都没有得到有关谈判进程的通报。和马克思、恩格斯一样，他们看到纲领草案后非常吃惊，对它异常愤怒。要他们赞同这个草案是不可能的。

　　纲领草案像一桶冰冷的水浇到白拉克的头上。在过去的年月里，他曾经坚决地反对党内的拉萨尔主义残余，而如今党所取得的一切理论见解却被抛得一干二净，向拉萨尔主义大开方便之门，这个打击对白拉克来说实在是太大了。

　　当然，多年来他也同样渴望着工人运动的统一。早在最初的年月，他就多次表示相信，不管全德工人联合会的领袖们愿意不愿意，工人的统一必定会到来。但是，这种统一本身不应再包含分裂的萌芽，而应该是建立在无产阶

级革命理论基础上的持久的统一。

白拉克把他对纲领草案的愤怒告诉了倍倍尔。他还向作为党的委员会代表的奥古斯特·盖布表示抗议，并完全赞同倍倍尔的意见，即必须起草一个新的草案。他和倍倍尔立刻写信给马克思和恩格斯，陈述了自己的反对意见，他们相信，这两位大师是绝不会赞成这种妥协的，他们等待着建议和帮助。

1875 年 3 月 25 日，白拉克满怀着对党的命运的深切责任感，写信给恩格斯："这一纲领是我所不能接受的，倍倍尔的意见也是这样。"他猛烈地抨击了对拉萨尔分子作出的让步，特别是接受了依靠国家帮助建立生产合作社这条要求。他向恩格斯表示：

"这一切本来会促使我向纲领草案公开宣战。但是，一方面，由于我身体不好，我不希望或者说不**可能**承担起公开宣战必然带来的繁重工作；另一方面，我不想反对我的朋友和比较亲密的党内同志；最后，我感到犹豫的是，如果使合并成了问题，我是否能负得起责任。"

"但是，由于倍倍尔看来已决心进行斗争，我觉得至少必须尽力支持他。但是，在这之前我很希望知道，您和马克思对于这件事意见如何。你们的经验比我成熟，你们看得比我清楚。"

"倍倍尔要把国家生活和社会生活的未来形态（人民国家中的）写入纲领，但是这样就要对今天还不能明确下来的东西作详细叙述。相反，我的意见是，纲领应该由两部分组成：

"一、原则部分，它要清楚、全面，尽可能详细地确定党的理论基础，或者最好说原则基础，从而使具有最一般理解力的人都能明了；

二、实际部分，它包括党在目前情况下应该向现今的政府当局提出的各项要求。

后一部分即策略部分要根据斗争的需要不断加以修改；而第一部分却构成党的不可更改的基础，只有随着科学的认识能力的进步，才需要加以修改或使之完善。

如果您赞同这种意见，我就向倍倍尔建议，由我们向代表大会提出一个共同的纲领草案。"①

白拉克十分坚决地拒绝妥协的纲领草案。在他看来，写进纲领的应该是双方共同认同的东西，否则就必然形成一个各种对立观点并存的大杂烩。

---

① 《马克思恩格斯和白拉克通信集（1869—1880年）》柏林狄茨出版社1963年版第10—12页。

"在自己的**信念**上我不会作任何妥协，我决不会承认目前的纲领……"① 白拉克就是这样结束给恩格斯的这封极其重要的信件的。

白拉克的观点是清楚明白的。根据他的坚定不移的信念，只有马克思主义才能构成新的党纲和工人阶级革命统一的基础。即使白拉克没有百分之百地认清哥达纲领的弱点，他的批判还是包含了为制定一个真正革命的党纲所需要的重要出发点。

白拉克收到马克思批判纲领的信之后，回信给马克思时承认道："信的内容使我感到极大的兴趣，它不仅证实了我的很大一部分疑虑，而且使我看到了新的缺陷和弱点。"② 另一方面，他把纲领划分为最高纲领和最低纲领，这一观点是很值得重视的，这表明，他对争取工人运动的最终目标和争取最近目标的两种斗争之间的关系，对党在领导无产阶级阶级斗争时所应采取的战略和策略有着深刻了解。他设想制定一个临时性的共同行动纲领，马克思提

---

① 《马克思恩格斯和白拉克通信集（1869—1880年）》柏林狄茨出版社1963年版第12页。

② 《马克思恩格斯和白拉克通信集（1869—1880年）》柏林狄茨出版社1963年版第37页。

出以统一行动作为以后在原则基础上合并的前提，他的想法和马克思的原则性意见可以说不谋而合，而恩格斯也在这以后给倍倍尔的一封信中提出了同样的意见。①

　　白拉克的斗争取得了马克思和恩格斯强有力的支持。恩格斯在 1875 年 3 月 18—28 日给倍倍尔的信，就同时回答了白拉克的一些意见。在这封信中，恩格斯（先于马克思的纲领批判）对于纲领及其弱点作了全面的、恰如其分的评价。在批判国家帮助时，他也提到白拉克，说白拉克"非常出色地揭露出这个要求毫无用处"②。

　　白拉克认为，恩格斯的论断证实了他的全部忧虑。这促使他在 1875 年 4 月给纽约的弗·阿·左尔格（国际工人协会总委员会的代表）写去一封信："你们那里是分裂，我们这里是统一，不过，让我们的事见鬼去吧！我们的人受到拉萨尔分子极大的欺骗，以后将很难维护国际的立场了。伦敦人对于李卜克内西、盖布、莫特勒等其他人表示赞成这个不伦不类的纲领也很不满意。但是，倍倍尔将要另作主张，

---

　　① 恩格斯 1875 年 10 月 12 日致倍倍尔的信，见《马克思恩格斯全集》第 34 卷第 150—152 页。

　　② 恩格斯 1875 年 3 月 18—28 日致倍倍尔的信，见《马克思恩格斯全集》第 34 卷第 122 页。

我将帮助他。还要看一看，这合并会产生出什么结果。"①

白拉克向伦敦征求意见，马克思给予了全面的回答，这就是著名的《哥达纲领批判》，连同1875年5月5日给白拉克的附信，它已成为马克思主义的基本著作之一。这篇著作的意义至今丝毫不减，尤其是，结合对拉萨尔主义的批判，可以继续发展和巩固马克思主义理论在革命的工人运动所面临的一系列重大问题上的认识。把普鲁士－德意志国家作为大资产阶级和容克国家的性质规定，马克思主义国家理论，特别是关于无产阶级专政学说的继续发展，同盟问题和对统一行动的态度，尤其重要的关于未来共产主义社会两大发展阶段及其分配原则的学说——所有这一切极大地丰富了马克思主义的宝库。列宁就是以《哥达纲领批判》为出发点，在帝国主义和无产阶级革命的条件下进一步发展了马克思主义。

对纲领的批判立即得到了白拉克的称赞。他希望，李卜克内西也能够考虑马克思的重要提示，对纲领草案作重大修改，特别是鉴于他本人与倍倍尔没有就一个新的纲领草案取得一致。白拉克还向马克思和恩格斯说明，照他的

---

① 《约·菲·贝克尔、约·狄慈根、弗·恩格斯、卡·马克思等致弗·阿·左尔格等书信集》1921年斯图加特版第148页。

意见，那个草案至多也只能看作临时性的，因此，现在的问题是充分利用下次代表大会召开前的这一年时间，制定出一个较好的纲领。

不过，白拉克的希望落空了，李卜克内西并没有对草案作较多的修改。因此，李卜克内西的态度也激起了他的反对。

1875年5月22日至27日，在哥达的"冷水大厅"举行了合并代表大会。大会的最重要成果是实现了德国社会民主工党和全德工人联合会的合并，成立了德国社会主义工人党。德国工人运动中延续多年的兄弟之争从此结束了。随着德国社会主义工人党的建立，德国工人阶级有了一个统一的、真正具有全国性的政党。广大的劳动群众团结在它的周围，进行反对容克资产阶级国家和普鲁士－德意志军国主义的斗争。现在，正是这样一个党领导着德国的无产阶级。

白拉克没有出席哥达合并代表大会，因为他业务太忙，健康状况不佳。虽说他对这些障碍时常感到很恼火，但这一次他未出席大会却使他避免作出一个难以作出的决定。我们知道，他对于所提出的纲领是极其不满的，但另一方面，既然事情已发展到这个地步，他不愿在代表大会

上破坏和睦，危及联合。

自不待言，他怀着极大的兴趣关注着代表大会的进程。他的同事、《不论瑞克人民之友报》编辑赛米尔·科柯斯基，代表不伦瑞克党组织出席哥达代表大会，并向白拉克报告会议情况。科柯斯基于 1875 年 5 月 26 日给白拉克写了一封乐观主义的信，叙述会议进程，说明拉萨尔的影响已被压倒。威廉·李卜克内西深知，马克思和恩格斯高度重视白拉克对形势的估计，所以在科柯斯基的信上附笔，迫切要求白拉克给伦敦人写信，告诉他们，代表大会（包括对纲领的讨论）取得了完全的成功。

虽然科柯斯基和李卜克内西的描述对白拉克不无影响，但他还是想先看一看哥达通过的书面东西。因此他当机立断，把科柯斯基有关大会的报道和李卜克内西的间接请求转寄给马克思和恩格斯。对此他写道："我个人还不能对您讲什么意见，因为在作出判断以前，必须先把已作出决定的东西拿到手。如果这些决议不是荒谬的，我们也就'不会做出荒谬的事情来'。无论如何，李卜克内西、盖布等人真诚地愿意纠正所犯的错误。代表大会的进程表明，之所以要在草案上作出让步，远不是为了工人们，而是出于对哈森克莱维尔等人的个人照顾。如果说到现在为止可以作出判断的话，那么我对代表大会是感到满意的，因为代表大会表明，工人们事实上比我想象的要先进得多。"[1]

不管对纲领有怎样的保留，白拉克看到久已盼望的联合实现了，还是感到由衷的喜悦，以后工人阶级可以团结一致地进行反对其压迫者的斗争，况且他多年以来激烈反对的全德工人联合会那种不民主的组织形式，在哥达根本未能贯彻下去。在党的合并代表大会上，通过了一个组织章程，章程是按照爱森纳赫派提出的马克思主义草案的精神拟定的，是建立在民主集中制的基础之上的。对于联合起来的工人党来说，通过这个建立在马克思主义组织原则基础上的章程，同时也就是为克服在纲领中保存的非马克思主义观点创造了重要的前提。

然而，对已实现的联合所感到的喜悦，并没有使白拉克忽视接受那个妥协的纲领所犯的严重错误，尽管这个错误原则上并没有影响他对纲领的评价。经过长时间的催索，白拉克在1875年6月底从李卜克内西那里要回马克思的手稿，寄还伦敦，这时他称这个已通过的纲领"实在

---

① 《马克思恩格斯和白拉克通信集（1869—1880年）》柏林狄茨出版社1963年版第40—41页。

糟糕"，并且不无理由地担心：在这个基础上，党内将要发生一些或大或小的争吵。但是，白拉克希望——也就是在这个意义上他写信给恩格斯："我们的理论信念很快就会深入到拉萨尔派广大群众中去，而且已经深入到他们大部分群众中了！"① 在这句话里，部分地表现了白拉克的一厢情愿，因为又经过好长一段时间，这种理论信念才真正深入到群众中。不管怎么说吧，白拉克清楚地看到，正是在合并之后，必须竭尽一切努力在党内贯彻马克思主义，使党能够在争取民主和社会主义的斗争中担负起自己的领导作用。接着发生的事件表明，争取理论明确性的这场斗争是何等必要。

刚一开始，白拉克所预感到的"小的争吵"就不期然地出现了。他亲身感受到，在哥达作出的不能容许的和不必要的让步在实践中导致了什么结果。设在汉堡的党的执行委员会（根据哥达代表大会的决议，执委会由三个拉萨尔派成员、两个爱森纳赫派成员组成）开始进行的最初几项活动中，有一项就是不顾盖布和奥艾尔的反对，作出决定，把伯恩哈特·贝克尔的《斐迪南·拉萨尔在工人中进

①《马克思恩格斯和白拉克通信集（1869—1880 年）》柏林狄茨出版社 1963 年版第 43 页。

行鼓动的历史》和白拉克的《拉萨尔的建议》从《新社会民主党人报》和《人民国家报》的党的著作目录中删去。恰恰是这少有的几本著作抨击了拉萨尔主义运动在理论和实践方面所犯的错误。把它们从党的著作目录中删去，同时也就是谴责了对拉萨尔的批判，而这正好符合妥协纲领的精神。在这个问题上，李卜克内西也力图从中调解，并尽力抚慰白拉克。然而白拉克绝不肯屈从，他坚决抗议这一决定，最终这个措施被撤销了。

《提防三亿新税款!》

　　白拉克亲身经历的"小的冲突",仅仅是哥达纲领所认可了的党内理论混乱的症候。由于理论混乱而产生的"大的冲突",与所谓的"杜林事件"密切相关,在这个事件中,恩格斯连续发表了论杜林的长篇文章,极大地帮助了党内马克思主义力量去克服假社会主义者杜林的小资产阶级思想体系。

　　白拉克在开始时也没有认清杜林及其追随者影响的危害性。尽管他不属于狂热的杜林分子,但是开始时,他对于杜林还是抱着期待的态度的,甚至怀有一定的同情和敬意。不过,当要谴责杜林的错误时,他与恩格斯的意见是完全一致的。"我看《人民国家报》无论如何必须表态。李卜克内西以警告的方式把几篇'杜林文章'退还莫斯特。在此期间他杜林越来越受人重视。如果必须对他进攻的话——关于这一点，我自己还拿不准——那就必须马上动手，不然就太迟了。"①

白拉克在怎样评价杜林这个人及其观点方面并没有把握。直到以后，当他拿到恩格斯的文章时，他的态度才更加明朗了。于是，他坚决站在杜林的反对者的一边，而且令人毫不怀疑地看到，他的立场的转变主要应归于恩格斯的文章，并不是他本人分辨了杜林的理论。他在1877年5月2日致恩格斯的信中是这样写的："他的著作我读得很少，他的方法不合我的口味，这一点几年前我就向热衷于杜林的弗里茨舍讲过。至于他竟会干出您在您的文章中所分析的那类事，我认为是不可能的。而杜林的真正追随者和朋友们更认为是不可能的。这种人在柏林这里更是为数不少，我和他们发生过一些不愉快的争论。"②

尽管白拉克没有亲自出面反对杜林，但他处在那种情况下，还是尽其所能协助了对杜林的揭发。也是出于这

---

① 《马克思恩格斯和白拉克通信集（1869—1880年）》柏林狄茨出版社1963年版第54—55页。
② 《马克思恩格斯和白拉克通信集（1869—1880年）》柏林狄茨出版社1963年版第86页。

个原因，他向恩格斯建议，在他的《历书》上，结合阐述德国工人运动史和马克思的作用批驳对拉萨尔和杜林的美化。他在 1877 年 6 月 22 日写给恩格斯的信是颇能说明问题的，他在信中解释了自己的计划："按这个设想，就可以在兼顾马克思个人经历的情况下，对工人运动史的各个时期，以及马克思在各方面的科学成就分别加以论述。这样做绝不是搞个人迷信——您的文章很懂得避免这一点——而是还事实以本来面目，把人们的注意力吸引到一些基本问题上来以促进运动的发展，同时还可以推动人们进一步考虑，把拉萨尔和杜林这样的人物神化，并从而使整个运动庸俗化的危险究竟在哪里。"①

　　尽管在关于杜林事件的辩论中明显地暴露出德国工人运动中存在着种种理论上的含混不清，但这个运动在哥达合并代表大会以后还是迅速地发展了。党的队伍不断扩大。现在，它把过去为躲避两派之间的兄弟之争而置身局外的许多工人吸引到自己身边。工会运动也由于合并而开创了一个新局面。党在日常斗争中卓有成效地对抗着剥削阶级及其政权机构。广大党员群众在自己的革命实践中超

---

　　① 《马克思恩格斯和白拉克通信集（1869—1880 年）》柏林狄茨出版社 1963 年版第 91—92 页。

脱了党纲的束缚。党的卓越的领导核心——威廉·白拉克无疑是其中的一员——不知疲倦地为贯彻一项马克思主义的工人政策而斗争，并且得到了马克思和恩格斯有力的帮助。

在党合并之后举行的第一次帝国国会选举（1877 年）中，党一跃而成为第四大党，有 12 名议员进入国会，这一事实反映了党的巨大发展和党在群众中影响的加深，这是有目共睹的。在这 12 名议员中包括威廉·白拉克，他是第一次当选为国会议员。

在过去的历届选举中，白拉克已经有好几次被提名为候选人。自 1872 年起，他一直是不伦瑞克市参议员。不过，在他的一生中，他始终没有被他家乡的选区送进帝国国会。诚然，他在 1877 和 1878 两年在不伦瑞克市战胜过自由党候选人博德，从而为社会民主党争得巨大的成就，然而在不伦瑞克市取胜，并不能构成不伦瑞克—布兰肯堡整个选区的胜利。而 1877 年 2 月在格劳豪—梅拉内选区的复选中，他赢得了胜利。于是，这里成了他的一个新的、范围广泛的活动领域。

白拉克的工作，除了经营父亲的企业和他本人的印刷所外，还要为帝国国会选举进行鼓动，担任市参议员以及

后来成为帝国国会议员的种种活动，工作量之大是可以想见的。

选举斗争要求付出艰辛的努力。白拉克不时地到不伦瑞克周围地区和偏远地点作鼓动旅行，从不知疲倦。在这段时间里，他决定为促进选举鼓动撰写通俗易懂、篇幅较小的鼓动性著作。这些著作的任务是，与民族自由党的诽谤、与那些早已被马克思的《共产党宣言》所揭穿了的广为流传的对社会民主党的偏见展开论战。尽管有些说法是容易被识破的，比如，说社会民主党人打算消灭财产，说社会民主党人打算实行公妻制、破坏家庭和婚姻等。但是，所有这些货色还远没有从反对社会民主党的政治谣言仓库里消失，特别是对工人阶级以及城市和农村小资产阶级中政治上落后的那部分人，这些诽谤并没有失去它们的作用。

白拉克驾轻就熟，没有费很多气力就批倒了这些奇谈怪论，并且把批判和阐述社会民主党的真正原则和目标灵活地结合在一起。

第一篇鼓动著作发表于1876年初。它取了个挑衅性的题目:《打倒社会民主党人！》。这部著作在德国和国际工人运动中取得了白拉克从未奢求过的成就。仅在

1876—1877 年的选举运动中，就销售了 10 万份。这本篇幅不大的小册子不断地发行新版。它的第 15 次铅印版意味着，为了鼓动，这本书已在德国工人中散发了 19.5 万份。在白拉克死后很久，社会民主党还一再地出版这个有号召力的鼓动杰作，计有 1884 年的苏黎世版、1889年的伦敦版。在反社会党人法废除之后，几乎每年都出了新版。甚至到 1919 年，白拉克的这一著作又在柏林出版过一次。

这个著作在德国工人中散发了数十万份。它的影响远远地超越了德国国界，它被译成多种文字，例如芬兰文、荷兰文、波兰文和俄文。同名的俄译本大致出版在 1917年二月革命和十月革命之间，列宁也知道这本书。

白拉克的成功激起了资产阶级报刊的恶毒反扑。特别是《马格德堡报》发表了七篇文章，用《和社会民主党人一道进入乐土！》这个滑稽的标题成册出版，在翁鲁先生的诽谤性著作《社会民主党人，他们向选民许了什么愿？他们想干什么？》的助威之下，向白拉克发起嚣张的，然而是毫无成效的攻势。

没等多久，白拉克就给予了回击。还在 1876 年，在选举斗争如火如荼进行的时候，他的答复《自由派阵营中

的绝望》就出版了，这一著作给敌人以毁灭性的打击。

答复一开始就正确地指出："在《马格德堡报》的文章中，自由派政党充分暴露出自己在和社会主义政党进行的思想斗争中无能为力。在翁鲁先生的著作中，他们又进一步出卖了自己的灵魂。"①

除此之外，白拉克还写了一篇《信条》给他的选民，用传单的形式散发。在《信条》中，他用自己纯真的信仰回击了政敌们的污蔑。他向全世界宣告，自己忠诚于工人阶级的解放事业，并谴责了工人阶级的剥削者。他抨击德国的政治状况，要求给人民以民主权利。他激烈地批评学校制度的落后性，要求取消为统治阶级服务的学校，建立统一的学校体制，大学应该是这种体制的最高一级。凡有真才实学的人，都应该被允许在大学里学习。应该为教育事业征收税款，而不是为进一步扩大军国主义制度，对这种制度他是深恶痛绝的。他要求取消常备军，主张成立一支真正的民军。他要求在各国人民中间实行和平，以取代统治阶级的战争政策。

白拉克写的政论性著作对于社会民主党在1877年的

---

① 威廉·白拉克《自由派阵营中的绝望》不伦瑞克1876年版第3页。

选举中获胜作出了重要的贡献。在与资产阶级政治舆论界开展的笔墨战中，白拉克卓有成效地宣传了社会民主党的思想，做出了卓越的榜样。弗兰茨·梅林在谈到党的思想斗争中这一重要方面时写道："社会主义文献在同资产阶级对手争论时一向是占上风的。白拉克为 1877 年的选举所写的两本宣传小册子和自由派的辩论文章为这一点提供了明确的准绳。虽然白拉克只是从唯心主义道德的立场出发，攻击资产阶级财产的不义和不合理，但是他毫不费力地战胜了《马格德堡报》的幼稚的指责，也战胜了忠实的翁鲁用来光荣地结束他对工人阶级的三十年背叛的可恶的猥亵语言。"①

白拉克对于担任党的帝国国会议员的新职责一丝不苟。他总是感到应对自己的选民负责，他忠于职守，问心无愧。

威廉·白拉克作为帝国国会议员，使社会民主党国会党团收益不小。他是个出色的演说家，在马克思主义理论方面有很深的造诣，在国会活动中，他也是站在奥古斯特·倍倍尔和威廉·李卜克内西一边的。不过，白拉克不

① 弗兰茨·梅林《德国社会民主党史》生活·读书·新知三联书店 1965 年版第 4 卷第 116 页。

是一个倾心于议会讲坛的人。他从未怀疑过革命的议会活动对工人政党的必要性，以及它所带来的好处，但他觉得自己并不特别称职。相反地，他把倍倍尔看作了不起的榜样。他赞赏倍倍尔才华出众，1877 年 1 月，他就着重地向马克思谈道："倍倍尔无可争辩地是我们所有人当中最有才干的。"[1] 在 1879 年 6 月 6 日给恩格斯的信中，他写道："我很钦佩倍倍尔，他是我们之中唯一在议会生活中应付自如的人。虽然他总是喜欢无所不谈，无所不写，但他没有沾染一点议会生活的腐化习气。我对议会生活确实感到恐惧。每当一种新鲜的、活跃的思想敢于冒出来，它的翅膀就会被议会的阶级统治形式和内容斩断，使它最多只能跛着在地上扑打……相比之下我的确很欣赏人民集会。我在这种集会上演说，从形式到内容一般都……好得多。当你看到一双双炯炯有神的眼睛时，你的思想就会油然而生，周围顿时有了生气。"[2]

尽管白拉克对帝国国会有着种种保留，但这并没有影

---

① 《马克思恩格斯和白拉克通信集（1869—1880 年）》柏林狄茨出版社 1963 年版第 70 页。

② 《马克思恩格斯和白拉克通信集（1869—1880 年）》柏林狄茨出版社 1963 年版第 132 页。

响他在国会里尽其所能。特别是在关于反社会党人法的短兵相接的辩论中，他充分展示了一个革命的社会民主党国会议员所具有的才干。

选举斗争和议员活动要求白拉克使出他的全部力量。白拉克从不惜力。但是，这种巨大的负担加上广泛的业务工作，对于他本来就很糟糕的健康状况产生了致命的影响。各种各样的疾病症候折磨着他。自 1865 年起，他得了肾脏病，接踵而来的是喉头炎、肝病和另一些病痛。他的家庭也为病魔所苦，以至于恩格斯非常同情地写信给他："疾病确实把您折磨得够受的。看来，不伦瑞克的气候的确非常有害于健康。"[1]

1877 年夏天，白拉克不得不认真地着手恢复一下自己的健康。他先是去埃姆斯浴场疗养。为了不致中断疗养，他甚至不得不拒绝马克思的邀请，当时马克思正和他的妻子以及女儿爱琳娜在诺伊恩阿尔逗留，而白拉克是多么愿意接受邀请啊。这样一来，1869 年他在汉诺威与马克思的交谈就成了他与这位崇敬的人唯一的一次亲身会晤。

---

[1] 《马克思恩格斯和白拉克通信集（1869—1880 年）》柏林狄茨出版社 1963 年版第 94 页。

开始时，旅行看来大有神益。白拉克怀着满意的心情向恩格斯报告了此次的结果，恩格斯也和马克思一样，对白拉克的病情寄予了无限的关注。"这次旅行对我来说好极了……在山区是多么好啊。那时我的健康状况好得简直无法形容，我似乎能够把大树连根拔起并向全世界宣战。可惜，我不得不比原计划提前回到家里，因为我最小的女儿病情严重，生命垂危。医生也希望我明年再次去阿尔卑斯山。这次我先到瑞士，经圣哥达山口去意大利，游览了阿尔卑斯山上的湖泊，也游览了米兰和热那亚，还在提罗耳逗留了八天。这是一次美好的旅行。"①

好转持续了一段时间。白拉克鼓起新的热情投入工作，他脑子里又酝酿着各种各样的计划。他打算为自己的《人民历书》撰写自然科学论文。另外，他还打算无论如何要把经济学的研究进一步完善，好为自己的选民写一本有关工资和劳动时间的论战性著作，取名《提高工人的工资！》，来反对资产阶级的论述。但是由于缺少时间，这个打算没有实现。他身上的负担太重了。"对我们这些人来说，糟糕的是可怕的**忙乱**。生意（我甚至有两项）、协

---

① 《马克思恩格斯和白拉克通信集（1869—1880年）》柏林狄茨出版社1963年版第103页。

会生活、选举鼓动、市参议员、帝国国会和一些杂七杂八的事（例如，我还是一个真正的问事处），使人严重脱离一切正常工作。这种情况是很糟糕的。"[①] 这一段诉说反映了白拉克的心声，他是多么热切地渴求在诸多领域里精益求精，趋于完善啊。

他的议员活动使他大伤脑筋。他常常就议会中讨论的具体问题向马克思和恩格斯请教。关税的辩论使他特别感到棘手。1876 年党的代表大会上，他就不得不对政府在关税问题上的一些打算表明自己的看法。俾斯麦的国有化计划也要求社会民主党明确地表态。

白拉克参与起草了 1876 年党代表大会关于党对保护关税和帝国铁路国有化的态度的决议。在保护关税的决议中，他强调指出，这是有产阶级中保护关税派和自由贸易派之间的一场斗争，党置身于这一斗争之外；是否实行保护关税的问题仅仅是一个应该按照具体情况具体解决的实际问题。1877 年 4 月 23 日，帝国国会在辩论对钢铁征收关税的时候，白拉克就是在这个意义上就保护关税和自由贸易发了言。尽管在党的决定和白拉克的发言中，包含着

---

① 《马克思恩格斯和白拉克通信集（1869—1880 年）》柏林狄茨出版社 1963 年版第 111 页。

一些正确的思想，但是这两者都暴露出对于保护关税在俾斯麦国家制度中所起的作用认识很模糊。它们没有对德国的状况进行具体的调查，由于未置可否，实际上就是向党内主张保护关税的分子发放了许可证。没有明确表示，保护关税和俾斯麦的其他计划一样，是加强普鲁士－德意志军国主义国家势力的一个重要手段。

白拉克虽然并不支持和维护保护关税，但是他也并未看清俾斯麦保护关税政策的阶级内容，并且认为俾斯麦对某些工业部门实行国有化的个别计划是可以接受的。

"尽管个别措施是可取的，但对整套措施（保护关税、闭关自守、经济倒退、榨取人民、军事制度、政治反动）切齿痛恨则是坚定不移的职责。"1878 年 4 月 26 日，他写信向恩格斯报告帝国国会的辩论情况时这样强调写道，"如果您有不同意见，请来信指教。"①

恩格斯毫不迟疑地给白拉克写去了一些意见，促使他重新检验自己的看法。结果，白拉克不仅公开地拒绝了烟草垄断，还请恩格斯对他预定在 1878 年党代表大会上作的关于保护关税的报告予以指正。这次代表大会没有开

---

① 《马克思恩格斯和白拉克通信集（1869—1880 年）》柏林狄茨出版社1963 年版第 116 页。

成。反社会党人法的乌云阻挠了原计划的执行。但是到
1879 年，毫不妥协地拒绝钢铁关税对白拉克来说已不成
问题了。

恩格斯对白拉克的思想和行动的影响是极其巨大的。
白拉克能够在杜林事件和在关于俾斯麦的保护关税以及国
有化计划的辩论中离开原有的立场，进而谴责杜林和毫不
含混地拒绝俾斯麦的保护关税和国有化计划，这一切无可
争辩地应归功于恩格斯。这个事实再次证实了，马克思和
恩格斯呕心沥血，栽培老德国社会民主党中的优秀分子，
使他们具有了马克思主义觉悟，并且当党和它的领袖们在
理论和现实政治问题上处于困难的抉择时，提供了非常具
体的帮助。

1878 年 6 月 2 日，刺客诺比林向威廉一世开了火。
在此之前，赫德尔的行刺企图就已经引起了对社会民主党
的迫害，而这一次行刺使迫害的疯狂性达到了无以复加
的地步。帝国国会被解散了。俾斯麦打算对工人党采取
高压手段，从而消除党的影响，同时压制保护关税的反对
者——民族自由党，在新选出的帝国国会中强行通过反社
会党人非常法，以便消灭工人党。

党面临着一场前所未有的艰巨斗争。在对社会主义者

进行卑鄙挑衅的条件下展开的选举斗争，达到了白热化的程度，白拉克写了富有战斗力的选举小册子致德国的选民们，小册子的标题是：《提防三亿新税款！》。

"**德国今天处于转折点：要么德国陷入极端反动的统治之中，忍受日益增长的贫困；要么人民坚决果敢地行动起来，实现自己对自由和福利的要求。**"[1]白拉克用这种铿锵有力的语言警告人们，号召人们起来反对计划中的非常法。他认为，实行非常法就是对人民权利、自由和利益的最无耻的谋杀行为。社会民主党"只不过是被人为地树立起来的吓人的幽灵，以便把那些不十分坚定的分子驱向反动势力的怀抱"[2]，让俾斯麦得以实现他的反人民的计划。社会民主党警告人们提防这一点，白拉克警告人们提防这一点，他的小册子最后号召："睁大眼睛，看紧钱囊，在7月30日星期二……拿着社会民主党的选票去选举站！"[3]

白拉克得知他在格劳豪—梅拉内选区再次当选之后，向他的萨克森选民表示："我由衷地感谢你们，我内心充满了喜悦和激动。你们为民主和社会主义事业争得一个新

---

① 威廉·白拉克《提防三亿新税款！》1878年不伦瑞克版第3页。

② 威廉·白拉克《提防三亿新税款！》1878年不伦瑞克版第11页。

③ 威廉·白拉克《提防三亿新税款！》1878年不伦瑞克版第11页。

的、可贵的胜利。你们再一次并且更加充分地给予我本人以信任。让我用我微薄的力量忠实地履行自己的职责，决不辜负你们的信任。"①

---

① 亨利希·莱奥纳德《威廉·白拉克》第74—75页。

"先生们，……我们对整个法令不予理会！"

对于党来说，在反社会党人法公开禁止它之前的那些月份里，就已经开始遭到极其严酷的迫害。敌人不止采用政治恐怖手段，还通过破坏党员的生存基础，妄图消灭社会民主党。

在诺比林行刺事件发生之后，白拉克怀着不祥的预感写信给伦敦："我们必须经受艰难的时期。"他已经从本人的经历中感受到时局的特点。他在不伦瑞克的政敌们正想从业务上搞垮他。在描述自己的处境时，他写道："对方有一部分人简直猖狂极了。这里有些人不愿再去粮食交易所了，因为我是股份公司董事长。也已经有人要求我辞职，但是我当然这样回答：'我没有寻求这个职位，而是尽量推辞；可是**在目前情况下，我要保住这个职位。**'"①

在反对反社会党人法的斗争中，白拉克不顾自己每况愈下的身体状况，再一次全力以赴。本来1877年夏天的疗养对他的严重病患并没有多大的改善，现在每次过度操劳都必然加重病情，可是在这决定性的时刻，白拉克并不惜力。他的阶级觉悟，他对党（他本人是党的创建人之一）的发展和命运的强烈责任感，要求他竭尽全力支持党的生死搏斗。在这严重的政治斗争中，白拉克的革命态度、对马克思主义的忠诚，再明显不过地表现出来。

反动势力集中全力向社会民主党发起进攻，这场进攻在围绕反社会民主党人法的辩论和最后通过中达到了高潮。在这个时候，白拉克尽管健康状况非常之差，但仍然无私地献身给党。在帝国国会辩论俾斯麦的反社会党人法时，除了奥古斯特·倍倍尔以外，首先奋起捍卫德国工人阶级及其政党的革命荣誉的要数白拉克了。在帝国国会的讲坛上，他满怀骄傲的心情宣布，自己属于工人阶级的革命运动。

---

① 《马克思恩格斯和白拉克通信集（1869—1880年）》柏林狄茨出版社1963年版第120页。

威廉·白拉克传

　　白拉克坚决维护马克思主义和德国工人运动的统一，认为工人运动的革命性深深地扎根在这种统一之中。1877年在不伦瑞克市参议员会议上，他明确声明，德国社会民主党与无政府主义者毫无共同之处，它代表的是马克思主义方向，德国社会民主党的主要著作是马克思的《资本论》。一年之后，1878年9月17日，他在向帝国国会发表的讲话中，又同样强调：德国的党以马克思为依据。

　　白拉克对工人运动的力量和长处充满信心，同时确信统治阶级的威逼迫害是无济于事的。正是怀着这种信念，他在帝国国会的讲坛上，向统治阶级的代表人物宣告了他们的失败。他在讲话中详尽地驳斥了对社会民主党的无耻诽谤，他的讲话既充满革命激情，又冷静明智。在1878年10月11日的会议上，他在谈到后来的反社会党人法第8条（根据这一条的规定，对于取缔协会提出的申诉不具有延迟禁令执行的作用）时，开头非常激烈，但很平静，到了这篇有条不紊的讲话的中间，一股不可遏制的愤怒向他袭来。他无法容忍对德国工人运动这种有预谋的迫害，于是话锋一转，突然回敬国会中的反动议员们（这句话已成名言）："先生们，我愿意告诉你们，我们对整个法令不予理会！"①

白拉克这一字字千钧的讲话正中要害。议员们纷纷从座位上站了起来，议长甚至派人明确地告知记者们：事实上白拉克只是想"不理会法令"，没有其他企图。

社会民主党议员们的反应迥然不同。倍倍尔后来怀着满意的心情回顾了帝国国会里发生的这一激动人心的场面："我们响起暴风雨般的掌声，而议会中绝大部分人都是怒气冲冲，议长向白拉克喊了一声遵守秩序；但是在外面，在全国，党为这样强烈表示我们对法令的态度而欢呼。"②

白拉克坚信工人党最终一定会战胜这项卑鄙的法令，对此他没有片刻动摇。他确信，即使要付出巨大的牺牲和艰苦的努力，党也是会经受住考验的。他本人所受的打击非同小可。在粮食交易所遇到的麻烦仅仅是开始。不久，禁令、申诉之类的东西就像暴风雨般向白拉克出版社袭来。他的出版物：书籍、历书以及报纸等统统成了反社

---

① 《德意志帝国国会辩论速记记录：1878 年第四届第一次例会》柏林 1878 年版第 1 卷第 201 页。

② 奥古斯特·倍倍尔《我的一生》生活·读书·新知三联书店 1978 年版第 3 卷第 15 页。

会党人法的牺牲品。帝国委员会（它是为了"受理"对非常法在实施方面提出的申诉而设立的）是这样申述其理由的："这里所涉及的出版物，出自一家以推销社会主义和共产主义著作为主要活动的出版社，该出版社的负责人属于工人党中最活跃、最激讲的成品。"①

出版社及其所属印刷所濒临破产，因此白拉克写给恩格斯的如下这一段简单论述，正是他个人痛苦经历的写照："自然我们暂时还要作出很大牺牲，财产和生活方面的牺牲。"②他曾几次试图出版一些不致被怀疑的印刷品，以此渡过难关。他考虑过出版一套自然科学技术小丛书，不过这个计划也失败了。后来，他停办了他心爱的《不伦瑞克人民之友报》，代之以一份——如他所承认的那样——很不像样子的消遣报。反社会党人法给小白拉克公司以致命的一击。

白拉克在审视了他的业务状况并联系到他在帝国国会的演说之后，给恩格斯写了下面一段话是不足为奇的："这

---

① 《德国社会民主党在 1878—1890 年间实行反社会党人法时期进行的斗争。帝国委员会的活动》（从文献方面研究德国工人运动史。第三卷第一册），柏林 1956 年版第 420 页。

② 《马克思恩格斯和白拉克通信集（1869—1880 年）》柏林狄茨出版社 1963 年版第 125 页。

样很好。它会结出果实的。对我本人来说，这确实是非常倒霉的。当我想到这件事时，我丝毫不愿意去理会它。"①

是的，不论是他个人的忧患，还是统治阶级在反社会党人法通过之后对党进行的接二连三的打击，都没有使他丧失勇气。他确信："总会有一天，在公共生活中唯一牢固的据点、唯一能够博取信任的因素是社会民主党，也许它还有一批追随者——资产阶级民主派。于是，我们又将出现在这里，工人们将履行他们的职责。他们已经懂得自己的阶级利益，无产阶级的阶级觉悟已经苏醒。"②

① 《马克思恩格斯和白拉克通信集（1869—1880年）》柏林狄茨出版社1963年版第126页。

② 《马克思恩格斯和白拉克通信集（1869—1880年）》柏林狄茨出版社1963年版第129页。

"共产主义——世界历史上从未有过的文明进步"

　　白拉克从哪里吸取了这种力量、这种信念，使他能够在极端困难之中高瞻远瞩，满怀信心地预言：工人运动一定会战胜反社会党人法并最终战胜整个资本主义制度？

　　白拉克对于工人阶级必胜这个坚如磐石的信念，产生于他的牢固的马克思主义知识和由此而来的对人类社会发展规律的认识。不管反对容克地主和资产阶级的军国主义国家的日常斗争多么艰巨，白拉克深知，这场斗争必然以工人阶级战胜压迫和剥削，建立一个新的、真正仁爱的社会制度而告结束。

　　共产主义是白拉克全部活动所致力的伟大目标。同时他知道，这个目标不是一夜之间就可以达到的。完全相反，他非常清楚，人类要达到这个理想的目标必须经过一段漫长的发展道路。因此他极力主张，首先要反对德意志帝国的反动社会制度，打击军国主义及其主要社会支柱和精神实质，争取工人阶级及全体劳动人民的民主权利。他并没有因为追求伟大的目标而闭眼不看面临的日常任务，相反地，他把解决日常任务看作在前进道路上的必要步骤。对于人类社会必然发展到共产主义的认识，使他增添了勇气和力量，去克服他和整个革命工人运动面临的成堆的困难。

白拉克深知，正确的认识是产生力量的源泉，所以他在著作中一再讲到革命工人运动的最终目标。他力求把个人的认识传送给战友们，使他们更加确信自己所走道路的正确性和最后必然胜利的结果。

白拉克对于社会主义革命必然性以及这场革命的经济、政治内容的阐述，对于未来社会——共产主义的阐述，同时颇有兴趣地向我们展示了他的马克思主义的思想境界。

白拉克的出发点是：为建立新的社会制度就必须彻底改造现有的财产关系和权力关系。实现这种改造的决定性

因素是社会主义革命。

由于 1873 年在理论上清算了拉萨尔主义，以及
1876—1877 年在政治上与民族自由党人展开的论战，白
拉克才得以在他的著作《拉萨尔的建议》和《打倒社会民
主党人！》中表现出牢固的、在当时条件下相当明确的无
产阶级革命观，这种革命观包括克服拉萨尔主义思想和接
受马克思主义的革命理论。

白拉克认为，**社会主义革命的经济内容**在于主要生产
资料的社会化。只有这一条才是工人阶级取得真正解放的
前提。他认为，革命的现实性的根据在于社会主义革命的
客观规律性，而这种规律性又是由资本主义社会的经济发
展所产生的。对于这种规律性的认识，推动白拉克去谴责
一切在革命条件尚未成熟时就要"干革命"的企图。这种
认识促使白拉克既拒绝拉萨尔的建立生产合作社的建议，
又拒绝巴枯宁的无政府主义。

他认为，只有当革命的主客观条件都已发展成熟，才
能去发动革命。按照他的说法，一方面需要有高度发展的
资本主义作为必要的客观前提，另一方面需要有理解自己
历史使命的、有组织的工人阶级，"在把资本主义生产方
式改造成社会主义生产方式以及在改造一切政治关系的同

时，发挥决定性的作用，组织新社会和新国家"①，工人阶级可以而且必须作为新社会的助产婆出现。

白拉克认为，**社会主义革命的政治内容**在于消除剥夺者在国家和社会中的政治统治，建立一个**新型的国家政权**，这个政权的任务将是，保证和保护经济变革，用暴力对付那些抵抗革命的人。②

社会主义革命是通过和平途径还是通过非和平途径进行，在白拉克看来，这要取决于具体的历史情况。白拉克认为这两种可能性都存在。不过，他很早就得出结论说："在德国现有的非民主状况下，在大资产阶级和容克地主结成反动的阶级同盟的条件下，争取工人阶级解放的和平途径极少有可能，而针对工人阶级的敌人，使用革命暴力却将是不可避免的。"他很喜欢引用马克思的那句名言："暴力是每一个孕育着新社会的旧社会的助产婆。"③白拉克认为，工人运动为达到自己的最终目的，在必要时将不惜采用革命的暴力来对付社会上残存的旧势力。说到底，两种可能性的选择总是取决于敌对分子的态度。如果有可能

---

① 威廉·白拉克《拉萨尔的建议》第 72 页。

② 威廉·白拉克《打倒社会民主党人！》第 18 页。

③ 《马克思恩格斯文集》第 5 卷第 819 页。

达成某种协议，比如说对原先的私人占有者进行补偿，那么这表现为社会主义革命和平发展的一个方面。

白拉克的这些观点完全符合马克思主义的立场，因为众所周知，马克思和恩格斯同样主张，在一定条件下，"赎买"对于工人来说完全可能是社会主义革命中的一个可行的手段。[①]

整体来说，白拉克有关社会主义革命及其内容、途径和几种可能性的看法，是建立在对马克思主义认识的基础上的。

白拉克不是空想主义者，他并没有给自己描绘出共产主义社会制度的详图。他虽然对无产阶级的解放斗争带有几分狂热，但仍不失为一位头脑清楚、具有科学性和系统性的人物。他总是从科学的认识出发，而不是耽于梦想。正因为这一点，他才对倍倍尔 1875 年提出的纲领草案不够满意，认为那个草案描述未来社会的细节太多了。但是，他也力求把他为之奋斗的社会制度至少勾画出个轮廓来。他依靠自己的马克思主义认识，预言了新制度经济政治结构的基本特点。

---

① 《马克思恩格斯全集》第 22 卷第 585 页。

白拉克针对某些人把共产主义所有制概念庸俗化的做法，特别强调了共产主义社会和资本主义社会的根本区别。"人类这个**理想的未来**的基础是**所有制方面的共产主义**。这就是说，只有那些作为**生产资料和运输工具**使用的东西（工厂、机器等），或者用于教育、娱乐等目的而创立的公共设施，如学校、剧院、公园、收藏室、博物馆等，才归全体人民所有。相反地，每个公民个人所需要的一切，归私人所有。"①

白拉克确信——虽然他并没有再深入探讨——有计划地组织整个经济生活是新社会一个重要特征。他不止一次地提到邮政，把它作为未来社会有计划的组织的范例。

非常有趣的是，不是别人，恰恰是列宁谈起过白拉克的这个论断。在《国家与革命》一书中，当列宁论述到无产阶级革命中无产阶级在打碎旧的国家机器和组织大生产过程中所面临的任务时，写了下面一段话："19 世纪 70 年代，有一位聪明的德国社会民主党人认为**邮政**是社会主义经济的模型。这是非常正确的。目前邮政是按国家**资本主义**垄断组织形式组成的一种经济。帝国主义逐渐把所有托

---

① 威廉·白拉克《打倒社会民主党人！》第 18 页。

拉斯都变为这种类型的组织。这里压在那些工作繁重、忍饥挨饿的'粗笨的'劳动者头上的仍然是那个资产阶级的官僚机构。但是管理社会事务的机构在这里已经准备好了。只要推翻资本家，用武装工人的铁拳粉碎这些剥削者的反抗，摧毁现代国家的官僚机器，我们就会有一个除掉了'寄生物'而技术设备程度很高的机构，这个机构完全可以由已经联合起来的工人自己使用……把**整个**国民经济组织得像邮政一样……这就是我们最近的目标。"[1]

除了有计划地组织生产以外，白拉克认为，未来共产主义社会制度的一个应该加以说明的显著特征是，每个健康的人都负有劳动义务，这是符合这个制度的基本原则的。

不言而喻，随着生产关系的改变，政治统治形式也须相应地改变。"在纯**民主**的机构中，将实行**人民管理**。一切都将取决于大多数人民的意志。"[2]

如上所述，白拉克把人民民主看作基本的东西，这种民主与资本主义社会制度的表面上的民主是截然不同的。人民实行管理意味着少数人服从多数人。人民当家做主当

---

① 《列宁全集》中文第二版增订版第 31 卷第 47 页。
② 威廉·白拉克《拉萨尔的建议》第 75 页。

然不可能通过诸如拉萨尔所鼓吹的"社会王国"来实现，只有铲除一切君主、一切皇帝才有实现的可能。白拉克并没有把资产阶级共和国看作实现人民当家做主的适当的国家形式，而认为是另一种完全"新型的"国家政权。"新社会制度所独具的国家形式是共和国，是社会共和国，**红色共和国**……"①，像1871年巴黎公社期间所存在的那种形式。

白拉克从所有制关系的改变出发并考虑到新社会的性质完全不同，认为新社会将拥有比资本主义社会多得多的财富，因为：

（1）无用的开支，例如广告等，取消了；

（2）通过有计划地组织工作，将创造出前所未有的劳动生产率；

（3）不再生产多余的东西或有害的东西（大炮）了。

换句话说，就是因为整个生产仅仅服务于人类进步，满足人类需要，战争将从历史的日程表上被勾掉。②自然力和科学将造福于整个人类，减轻每个人的劳动。技术将有可能使人的劳动时间逐渐地减少到每天五至六个小时

---

① 威廉·白拉克《拉萨尔的建议》第75页。
② 威廉·白拉克《拉萨尔的建议》第75页。

这个最小限度，而这又为全体人民文化生活的飞跃创造了前提。

"对个人来说，追求知识所需要的时间和手段都已具备，而且外部条件也要求他这样做，因为否则的话，他在社会上就不被重视。他本人的利益和整体利益将不断地推动他。整体将提供给他丰富的教育手段。"①

白拉克还认识到，只有在共产主义社会，人的才干和技能才有充分施展的余地；艺术和科学不再听命于有产者的情绪和势力，只是为造福社会而得到真正自由的发展。

白拉克关于共产主义社会给人们提供了自由发展的可能性的这种提法，是接受了马克思的思想。马克思认为，共产主义的目的不单单在于废除生产资料的私有制，废除私有制只不过是达到共产主义真正目的——人的充分、全面的发展——的前提。

在白拉克看来，共产主义是"世界上前所未有过的文明进步"②。白拉克确信，这种新型的、真正具有人性的社会制度必定胜利。他无法预言这个社会制度何年何月到

---

① 威廉·白拉克《拉萨尔的建议》第76页。
② 威廉·白拉克《拉萨尔的建议》第76页。

来，但是"它将到来，这是确定无疑的！"① 它将粉碎旧世界的反抗，使人类梦寐以求的最高理想——一个无阶级的社会变成现实。这是白拉克的坚定信念。为了这个信念，他献出了自己的一生。从这个认识中，他不断地吸取新的力量和勇气。

---

① 威廉·白拉克《拉萨尔的建议》第77页。

"世界上再没有任何力量能够把阶级斗争排除掉"

　　白拉克十分坚决地反对统治阶级的恐怖，反对危及党的生存的外部进攻；另一方面，他对党内的动摇分子的斗争也是十分坚决的。这些人准备放弃党的阶级立场，顺应剥削阶级统治的国家，并且屈服于它。

　　党被反社会党人法打入地下。党的协会、集会、报刊和著作遭到禁止。党的许多成员被迫害。他们的名字在企业中被列入黑名单。对社会民主党来说，不论是它的领袖还是它的成员，在实行非常法的新条件下正确地掌握斗争方向肯定不是那么容易的。必须考虑到各种各样的观点，必须准确地估量到新产生的局势。在这些方面，党必须积累自己的经验。还没有哪个更大国家的工人运动遇到过这种状况。为了确保党的生存，保持和扩大党的影响，必须同时利用合法和非法两种可能性。最初在党的领导层、在党的执行委员会和议会党团，就怎样继续开展斗争产生了尖锐的意见分歧，那是不足为奇的。一部分领导人很快就表现出动摇，不敢把革命斗争贯彻到底。右倾机会主义和半无政府主义分子或是亮出他们的苟安现状的设想，或是施展出个人恐怖的手段。与他们相对立的，是党的革命领导核心，属于这个核心的，除了奥古斯特·倍倍尔外，首推威廉·白拉克，不过他已经几乎不可能帮助倍倍尔组织实际工作了。

1878 年，秋围绕反社会党人法开展的多次辩论以及随之而来的变本加厉的迫害，严重地削弱了白拉克的体力。去柏林出席帝国国会会议的往返旅行，摧毁了他的健康。流行性感冒、长期发烧、关节风湿痛最终迫使他在1879 年 2 月躺倒在病床上，脱离开任何政治行动。1879年 4 月 16 日，他写信给恩格斯，在详细介绍了自己的健康状况之后，他告诉恩格斯说："关于政治情况我一无所知。我看不到报纸，这也是一种真正的幸福。我还需要绝对的休息。"尽管有着这一切病痛，在信的落款处他还是

署上了："永远忠实于您的**白拉克**"。①

关于党内围绕莫斯特和哈赛尔曼以及拟议中的党的地下刊物开展的辩论，白拉克除了从倍倍尔的信中略知一二以外，其余全然不晓。倍倍尔于 1879 年 8 月初去看望他。在这艰难的日子里能够和老朋友相聚，身染重病的白拉克和他的饱经忧患的妻子艾米莉对此感到莫大的喜悦。但是，紧接着一个悲痛的消息使白拉克深为震惊。奥古斯特·盖布，这位从 1869 年夏与全德工人联合会破裂时起就一道工作的战友，在汉堡逝世了。白拉克的妻子满怀不祥的预感写信给尤莉娅·倍倍尔，告知她这一不幸的消息，在谈到自己丈夫的状况时，白拉克的妻子写道："看不到有什么起色，使人沮丧失望。"②

但是，当马克思和恩格斯的通告信送达白拉克手中时，他再次振奋起斗争精神。这封信是马克思和恩格斯于 1879 年 9 月 17—18 日写给德国党的领袖们的，并明确要求传给白拉克一阅。信是由倍倍尔传递的。从科学社会主

---

① 《马克思恩格斯和白拉克通信集（1869—1880 年）》柏林狄茨出版社 1963 年版第 131 页。

② 奥古斯特·倍倍尔《我的一生》生活·读书·新知三联书店 1978 年版第 3 卷第 31 页。

义奠基人这封重要的信中可以看出，他们对于德国的革命工人政党能否存在忧心忡忡。

马克思和恩格斯的通告信是指向党内右倾机会主义思潮，指向苏黎世三人团——赫希柏格、施拉姆和伯恩施坦的，三人团得到某些帝国国会议员的支持。党的领导曾经不顾马克思和恩格斯的警告，委托这三个人筹备出版党的地下刊物《社会民主党人报》。直到他们的以三个星花作为署名的臭名昭著的文章《德国社会主义运动的回顾》在由赫希柏格资助的杂志《社会科学和社会政治年鉴》上发表的时候，他们的政治讲坛才一清二楚地显露在党的面前。

在这篇文章中，右倾机会主义思潮向党的革命阵地发起了全面的攻击。它的代言人指责德国社会民主党采取了阶级斗争这个根本立场，指责党具有的工人政党的性质，指责党承认巴黎公社，而他们所要求的无非是把党改变成小资产阶级的改良主义政党。

马克思和恩格斯在通告信中与这种倾向作了坚决的斗争。他们公开宣布，如果德国党接受了三人团的纲领，他们就只好和党分道扬镳。他们的揭发批判推动倍倍尔和李卜克内西最后不得不采取措施，使基本体现党的未来工作

的这份重要地下刊物没有落入右倾机会主义分子之手。

白拉克读到这封通告信时，大为震惊。对于右倾机会主义分子所有这些攻击，他以前毫无所知。在德国党所有的领袖当中，他最清楚不过地认识到，苏黎世三人团观点的胜利对党会造成怎样的危险。

倍倍尔是在 1879 年 10 月 24 日把通告信寄给白拉克的。白拉克收到信后没有片刻的迟疑，立即拿起笔来在 10 月 27 日就给马克思回了信："倍倍尔寄给我的恩格斯的信，由于我对内情一无所知，所以感到非常意外。在《李希特尔年鉴》①上刊登的那篇文章简直使我大吃一惊。这意味着，动摇党的基础，威胁党的生存。对此必须进行干预。没有干预，是由于可恶的钱从中作祟，否则的话，就令人奇怪了。而赫希柏格有很多钱——他借给我本人一万马克，因为我无力用现金归还，就用我没收来的书抵债——并且用起来很大方。这就堵住了一些人的嘴。至于我自己，只要于事有所补益，我将声明反对这种扼杀党的

---

① 指的是由赫希柏格（用的是路德维希·李希特尔这个笔名）资助的杂志《社会科学和社会政治年鉴》。——编者注

生存的行为。"①

他还怀着同样怒不可遏的心情谴责了叛徒伯恩哈德·贝克尔，此人多年前曾在《不伦瑞克人民之友报》上与白拉克共事过一段时间，而现在，他在一本书里对巴黎公社进行了肆意的诽谤。

在给马克思的最后这一封信里，白拉克向马克思表示了他的毫无保留的支持。他对马克思和恩格斯的景仰敬重之情也流露在字里行间："向你们两人致以最衷心的祝愿。从目前所出现的这些情况来看，如果没有《宣言》和《资本论》，运动又将会怎样呢？！但这两本书已深入到群众之中，世界上再没有任何力量能够把阶级斗争排除掉。"②

对马克思主义和革命的阶级斗争的信仰，这就是威廉·白拉克的政治遗嘱。

---

① 《马克思恩格斯和白拉克通信集（1869—1880年）》柏林狄茨出版社1963年版第152页。

② 《马克思恩格斯和白拉克通信集（1869—1880年）》柏林狄茨出版社1963年版第154页。

威廉·白拉克传

"一个你找不到的更好的人"

　　尽管在巴登－巴登作了一个夏天的疗养，白拉克的身体并没有复原。1879 年夏，他不得不放弃帝国国会议员的代表资格。

　　社会民主党的敌人不惜从危在旦夕的白拉克所采取的这个步骤中捞取政治资本。他们散布谣言，说白拉克放弃代表资格的真正原因，不是疾病，而是政治上的分歧和业务上的后顾之忧。白拉克为此于 1880 年 4 月 11 日在《社会民主党人报》上发表了他的最后一篇公开声明。在声明中，他给予敌人以坚决的回击，并且表示，他与他的朋友倍倍尔和李卜克内西以及党的地下刊物意见完全一致。

　　此后不多几天，1880 年 4 月 27 日，威廉·白拉克因严重呕血而去世，年仅 38 岁。他的全家、他的朋友和战友满怀悲痛地站在这位正直的同志的灵柩前。

对于业已离世的工人领袖，警察也还惧怕三分。他们没收了由白拉克多年的同事赛米尔·科柯斯基撰写的讣告，他们甚至打算禁止把星期日定为安葬日。不伦瑞克警察当局最后竟然禁止佩戴志哀标记和发表墓前演说。然而，这一切可悲的伎俩都无济于事。

1880年5月2日，一股长河般的人流护送这位不伦瑞克的工人领袖到达他最后的安息地——彼得利基希霍夫墓地。不伦瑞克和来自德国西北部，来自柏林、莱比锡、马格德堡、德累斯顿以及其他许多地方的三四万人，向他们死去的同志最后告别。

威廉·白拉克这个名字已成为不伦瑞克工人反对反社会党人法和在以后的年代里反对军国主义、反对战争的斗争象征。工人们每年都要纪念他，为了使被压迫者从苦难、贫困和无权状态中解放出来，他的一生作出了多少自我牺牲啊！但是，他的名字不仅是不伦瑞克同志们的忠实遗产，他属于整个德国工人阶级。

他最亲密的朋友和战友奥古斯特·倍倍尔用亲热的话语为他树立了一座永恒的丰碑："一颗伟大的心停止跳动，一个最可爱的人不在世上了。党失去了一个具有高度

才智、永不厌倦、甘愿牺牲自己的同志，他的妻子和他的四个儿女失去了热爱他们的丈夫和父亲，他的年老的双亲（他的父亲也已患病多年）失去了心爱的儿子。我们这些与他交往甚密的人失去了一个总是乐观的可亲的朋友和伙伴，'一个你找不到的更好的人'。"①

当白拉克逝世二十五周年纪念日到来之际，弗兰茨·梅林在《莱比锡人民报》上完全正确地写道："威廉·白拉克不属于不伦瑞克的同志们，更不属于由不伦瑞克的同志们组成的派别，尽管这派人出于一己之私顽固地宣扬白拉克是自己的；白拉克属于整个德国党，属于国际工人运动……在德国工人运动最初的十五年里，除了倍倍尔和李卜克内西以外，几乎没有任何人的名字像威廉·白拉克的名字这样如此紧密地与党的发展联系着。"②

---

① 奥古斯特·倍倍尔《我的一生》生活·读书·新知三联书店 1978 年版第 3 卷第 33 页。
② 弗兰茨·梅林《工人运动史论文》（《梅林全集》第 4 卷），柏林狄茨出版社 1963 年版第 448 页。

"我们的时代就要到来"

白拉克的一生属于工人阶级的解放事业。无论是在顺利的还是在艰难的时刻，他始终坚信，胜利属于工人阶级。当党处于白色恐怖的重压下，他仍然向他的朋友和同志们喊出："我们的时代就要到来。"他是正确的。

这个时代——对于它的到来白拉克坚信不疑，并且为之奋斗终生——就是我们的时代。

这个新时代是由1917年俄国伟大的十月社会主义革命的胜利开创的。在德国的土地上，随着我们共和国社会主义建设的开展，威廉·白拉克和他的战友们的梦想和希望正变成现实。我们的共和国正在履行他们的遗志。

德意志联邦共和国的工人还面临着实现工人阶级历史使命的任务。因此，他们在斗争中不应放弃老德国社会民

主党的革命传统，不应忘记他们伟大的先驱所怀有的宏图大志，应该把它继承下来。我们确信，白拉克的预言对德意志联邦共和国也是适用的。在这里，在威廉·白拉克的故乡，社会主义给全体劳动人民带来福利和安全、幸福和和平的日子就要到来。

威廉·白拉克生平事业年表

1842—1880 年

1842

5 月 29 日　威廉·白拉克生于不伦瑞克一个商人的家里。

白拉克念完中学高年级后就进入他父亲于 1856 年创办的面粉与谷物商行，地址是：不伦瑞克辛·布吕德恩街 9 号。

1861

9 月　白拉克创建不伦瑞克男子体操协会，他任协会理事会成员（司库），直到 1865 年。

1862

白拉克加入不伦瑞克体操消防队并任队长。

1863

5 月 23 日　全德工人联合会于莱比锡成立。

6 月 7 日　德国工人协会联合会第一次代表大会于美因河畔法兰克福召开。

1864

9 月 28 日　国际工人协会于伦敦成立。

1865

9 月 6 日　白拉克在熟悉了拉萨尔的著作之后，于不伦瑞克建立一个全德工人联合会分会。

11 月 30 日—12 月 1 日　白拉克在全德工人联合会于美因河畔法兰克福召开的全体大会上被选入执行委员会。

1866

7 月 12 日　白拉克与裁缝帮工亨利希·肖姆堡一起第一次出庭受审。不伦瑞克公国地方法院判处他们十四天监禁，罪名是煽动不法行为。

1867

5 月　不伦瑞克成立了第一国际的一个支部。白拉克成为会员。

5 月 19—20 日　全德工人联合会在不伦瑞克召开全体大会。约·巴·冯·施韦泽当选为主席。

夏天　白拉克出任全德工人联合会司库。

7 月 21 日　不伦瑞克及其附近地区的工人节。

8 月 31 日　白拉克第一次参加北德意志帝国国会的竞选。

9 月 9 日　女工协会于不伦瑞克成立。

9 月 14 日　卡尔·马克思的《资本论》出版。白拉克开始研究马克思的这一著作。

11 月 3 日、8 日和 12 月 22 日　《社会民主党人报》刊登白拉克的《论工人问题》一文。

11 月 23—24 日　全德工人联合会在柏林召开全体大会。白拉克作关于"妇女劳动"的报告。

1868

7 月 19 日　白拉克在阿瑟召开的一次约有一万人参加的群众大会上发表讲话，讲话的题目是《约翰·雅各布博士的民主纲领》。

8 月 22—25 日　全德工人联合会在汉堡召开全体大会。白拉克作关于"卡尔·马克思的著作"的报告。

9月5—7日 德国工人协会联合会第五次代表大会在纽伦堡召开。会议通过了关于加入国际工人协会的决议。

1869

1月25日 白拉克与一个木匠师傅的女儿艾米莉·瓦尔特结婚。

3月28—30日 全德工人联合会在巴门—埃尔伯费尔德召开全体大会。在与施韦泽的辩论中，白拉克站在联合会内部反对派的前列反对施韦泽的主席专制，他与另外十三名领导成员拒绝投施韦泽的信任票。

白拉克在大会上作关于"机器业"的报告。

6月18日 施韦泽发动"政变"。白拉克与全德工人联合会决裂，同倍倍尔和李卜克内西取得联系。

6月22日 在马格德堡的会见中，白拉克撰写了《致全德工人联合会会员》的号召书，号召举行代表大会，成立一个统一的社会民主党。

7月6日 呼吁召开爱森纳赫代表大会。

8月7—9日 爱森纳赫代表大会。社会民主工党成立。白拉克当选为设在不伦瑞克－沃尔芬比特尔的党的委员会的成员。

9 月 4 日　社会民主工人协会于不伦瑞克成立。

10 月初　白拉克与党的委员会的两位成员施皮尔及邦霍尔斯特一道去汉诺威拜访马克思。

11 月 11 日　白拉克开始与马克思通信。

1870

3 月 23 日　白拉克开始与弗里德里希·恩格斯通信。

6 月 4—7 日　斯图加特党代表大会。不伦瑞克再次被指定为党的委员会的所在地。

7 月 15 日　普法战争爆发。

7 月 16 日　不伦瑞克因普法战争的爆发召开群众大会。

7 月 21 日　倍倍尔和李卜克内西在北德意志帝国国会就战争拨款举行的投票中弃权。

7 月 23 日　国际工人协会总委员会发表关于普法战争的第一篇宣言。

8 月 24 日　不伦瑞克委员会发表号召书。

9 月 1—2 日　色当战役。

9 月 4 日　法国成立共和国。

9 月 5 日　不伦瑞克党的委员会发表宣言，反对继续进行战争，反对兼并阿尔萨斯—洛林，主张同法兰西共和

国缔结光荣的和约，在德国实行民主。

9月9日　不伦瑞克党的委员会遭逮捕并被押解到勒特岑要塞。

国际工人协会总委员会发表关于普法战争的第二篇宣言。

11月16日　白拉克被送进不伦瑞克监狱。不伦瑞克地方法院以白拉克有"叛国嫌疑"对他拘留审查。

12月17日　倍倍尔、李卜克内西和赫普纳在莱比锡被捕。

1871

3月18日　巴黎工人起义。巴黎公社诞生。

3月30日　白拉克获释出狱。

5月15日　白拉克创办的《不伦瑞克人民之友报》第1号出版。

白拉克创建"不伦瑞克威廉·小白拉克出版社"。

8月12—15日　德累斯顿党代表大会。白拉克作关于责任法的报告。

11月23—25日　不伦瑞克审判案。对党的委员会前成员白拉克、邦霍尔斯特、施皮尔和屈恩提起诉讼，罪名是"违反公共秩序"。

11 月 27 日　白拉克和邦霍尔斯特各被判处 16 个月徒刑，施皮尔 14 个月，屈恩 5 个月。被判刑者提起上诉。

1872

白拉克发表《社会民主工党不伦瑞克委员会在勒特岑和在法庭上》一书。

2 月 2 日　沃尔芬比特尔公国高等法院对不伦瑞克审判案减刑，白拉克和邦霍尔斯特各减为 3 个月，施皮尔减为 2 个月，屈恩减为 6 个星期。

5 月 23 日　白拉克在莱比锡叛国审判案出庭作证，要求减轻对被告倍倍尔、李卜克内西和赫普纳的判决。

7 月 20—22 日　不伦瑞克工人节。白拉克作关于"农村无产阶级的状况"的报告。

11 月　白拉克当选为不伦瑞克市议员。

1873

2 月 1 日　不伦瑞克"民主选举协会"成立。白拉克当选为第二主席。

8 月　不伦瑞克的党员向即将召开的党代表大会提出

修改党纲的建议。为阐明理由，白拉克发表了他的最重要的著作《拉萨尔的建议》，该书从马克思主义立场出发，分析批判了拉萨尔主义。

8月23—27日　爱森纳赫党代表大会。

12月7日　社会民主工党于泽森举行全国性会议，研究如何准备1874年的帝国国会选举。

1874

白拉克为了替社会民主党争取各阶层农民，特地出版了《人民历书》。

7月18—21日　科堡党代表大会。

白拉克出版社出版了《一个反对国际工人协会的阴谋》一书的德译本。

11月2日　白拉克当选为民主选举协会的第一主席。

1875

3月　白拉克坚决反对哥达纲领草案并与倍倍尔联系。

3月25日　白拉克把自己对纲领草案的意见写信告诉恩格斯。

5月5日　马克思把他的《哥达纲领批判》寄给了白

拉克，并请他转交盖布、奥艾尔、李卜克内西和倍倍尔。

白拉克与马克思和恩格斯就哥达纲领进行的通信一直延续到十月底。

5 月 22—27 日　哥达社会主义工人党合并代表大会。

1876

春天　白拉克出版社出版了倍倍尔的《德国农民战争，并论中世纪最主要的社会运动》一书。

8 月 19—23 日　哥达党代表大会。白拉克参与制定了关于保护关税的决议案。为了支援即将展开的帝国国会竞选斗争，白拉克发表了两本反对民族自由党人的鼓动性著作：《打倒社会民主党人！》和《自由派阵营中的绝望》。

秋天　白拉克接受马克思的建议，把利沙加勒《公社史》的德译本列入他的出版计划。

1877

2 月 22 日　白拉克在格劳豪—梅拉内选区的补选中当选为帝国国会议员。

5 月 27—29 日　哥达党代表大会。

6 月　恩格斯给白拉克寄去了《卡尔·马克思》这篇

传记文章，供他在 1878 年《人民历书》上发表。

8 月　白拉克去埃姆斯浴场治疗。

1878

5 月　白拉克出版社出版了利沙加勒的《一八七一年公社史》。

5 月 11 日　赫德尔对皇帝行刺。

6 月 2 日　诺比林对皇帝行刺。

6 月 11 日　帝国国会解散。

白拉克发表了他的竞选小册子《提防三亿新税款！》。

7 月 30 日　帝国国会选举。白拉克在格劳豪—梅拉内选区再次当选。

9 月 17 日　白拉克在帝国国会发表了一篇气壮山河的演说，表示反对反社会党人法，对革命的工人运动信守不渝。

10 月 11 日　白拉克向帝国国会声明："我们对整个法令不予理会！"

10 月底　民主选举协会被查封，《不伦瑞克人民之友报》以及白拉克出版社发行的一些极其重要的出版物遭查禁。

1879

2 月　白拉克患重病。

8 月　白拉克去巴登－巴登治疗。

9 月 17—18 日　马克思和恩格斯向倍倍尔、李卜克内西、白拉克等人发出通告信。

10 月 27 日　白拉克在给马克思的最后一封信中，表示反对苏黎世三人团，拥护党的马克思主义基础。

1880

4 月 11 日　《社会民主党人报》发表了白拉克一篇声明，白拉克在声明中表示同他的朋友倍倍尔和李卜克内西完全一致，同党的地下机关报完全一致。

4 月 27 日　白拉克由于大出血，于不伦瑞克去世。

5 月 2 日　大约有三四万人为白拉克送葬。

著作目录

威廉・白拉克的著作

《社会民主工党不伦瑞克委员会在勒特岑和在法庭上》1872 年不伦瑞克版

——*Der Braunschweigei Ausschuß der social-demokratischen Arbeiter-Partei in Lötzen und vor dem Gericht.* Braunschweig 1872.

《拉萨尔的建议：向社会民主工党第四次代表大会进一言》1873 年不伦瑞克版

——*Der Lassalle'sche Vorschlag. Ein Wort an den 4. Congreß der social-demokratischen Arbeiterpartei.* Braunschweig 1873.

《打倒社会民主党人！》1876 年不伦瑞克版

—*Nieder mit den Social-Demokraten!* Braunschweig 1876.

《自由派阵营中的绝望：对〈马格德堡报〉七篇文章和冯·翁鲁先生的诽谤性著作的回答》1876 年不伦瑞克版

—*Die Verzweiflung im liberalen Lager. Antwort auf die sieben Artikel der Magdeburgischen Zeitung und die Schmähschrift des Herrn von Unruh.* Braunschweig 1876.

《提防三亿新税款！》（附白拉克 1877 年和 1878 年在德意志帝国国会发表的演说）1878 年不伦瑞克版

—*Hütet Euch vor den 300 Millionen neuen Steuern!* Nebst einem Anhange: Die Reden Brackes im deutschen Reichstage 1877 und 1878，Braunschweig 1878.

《论工人问题》

—*Zur Arbeiterfrage.*

载于 1867 年 11 月 3 日、8 日和 12 月 22 日柏林《社会民主党人报》。

《妇女劳动》

—*Die Frauenarbeit.*

载于 1867 年 12 月 6 日和 8 日柏林《社会民主党人报》。

《夺取一个又一个阵地！》

　　—*Eine Position nach der anderen!*

载于 1873 年 2 月 18 日《不伦瑞克人民之友报》。

《光谱》

　　—*Das Spectrum.*

载于 1876 年《人民历书》（不伦瑞克版）。

《天空》（自然科学随笔）

　　—*Der Himmel.*

载于 1878 年《穷康拉德》（莱比锡版）。

《哥特霍尔德·埃夫拉伊姆·莱辛》

　　—*Gotthold Ephraim Lessing.*

载于 1878 年《人民历书》（不伦瑞克版）。

通信集

《马克思恩格斯和白拉克通信集（1869—1880 年）》1963 年柏林狄茨出版社版。

　　—*Karl Marx ／ Friedrich Engels：Briefwechsel mit Wilhelm Bracke（1869 bis 1880），Dietz Verlag，Berlin 1963.*

格奥尔格·埃克尔特《不伦瑞克工人运动的开端：未

发表的白拉克书信》1955 年不伦瑞克版。

—*Georg Eckert*：*Aus den Anfangen der Braunschweiger Arbeiterbewegung. Unveroffentlichte Bracke-Briefe.* Braunschweig（1955）.

格奥尔格·埃克尔特《社会民主工党不伦瑞克委员会的通信》

—*Aus der Korrespondenz des Braunschweiger Ausschusses der Sozialdemokratischen Arbeiter-Partei.*

载于《不伦瑞克年鉴》第 45 卷，1964 年不伦瑞克版。

格奥尔格·埃克尔特《关于第一国际不伦瑞克支部史：莱昂哈德·冯·邦霍尔斯特和约翰·菲利浦·贝克尔的通信》

—*Zur Geschichte der Braunschweiger Sektion der I. Internationale. Der Briefwechsel zwischen Leonhard von Bonhorst und Johann Philipp Becker.*

载于《不伦瑞克年鉴》第 43 卷，1962 年不伦瑞克版。

有关白拉克的其他参考书目

格奥尔格·埃克尔特：

《威廉·白拉克》

—*Wilhelm Bracke.*

载于《下萨克森生活画报》第 4 卷，1960 年希尔德斯海姆版。

《反社会党人法统治下的不伦瑞克工人运动》第 1 册（1878—1884 年），1961 年不伦瑞克版。

—*Die Braunschweiger Arbeiterbewegung unter dem Sozialistengesetz.* I. Teil（1878—1884），Braunschweig 1961.

《拉萨尔派不伦瑞克分会的宣传小册子》

—*Flugschriften der lassalleanischen Gemeinde in Braunschweig.*

载于《社会史文库。弗里德里希·艾伯特基金会年鉴》第 2 卷，1962 年汉诺威版。

《不伦瑞克拉萨尔派为改革市政选举法提出的一份意见书》

—*Eine Denkschrift der Braunschweiger Lassalleaner zur Reform des Kommunal-Wahlrechts.*

载于《社会史文库。弗里德里希·艾伯特基金会年鉴》第 3 卷，1963 年汉诺威版。

《巴特哈尔茨堡的工人节和反对不伦瑞克国有铁路私

有化的斗争》

—*Der Arbeitertag in Bad Harzburg und der Kampf gegen die Privatisierung der Braunschweiger Staatsbahn.*

载于《社会史文库》第 3 卷，1963 年汉诺威版。

《社会民主工党向斯图加特党代表大会（1870 年 6 月）提出的总结报告》

—*Der Rechenschaftsbericht der Sozialdemokratischen Arbeiterpartei für den Stuttgarter Parteitag，Juni 1870.*

载于《社会史文库》第 3 卷，1963 年汉诺威版。

沃·弗里德里希：

《早期的社会主义书报业》

—Wolfgang Friedrich: *Aus der Frühzeit des sozialistischen Buchhandels.*

载于《德国书报业行市报》（莱比锡出版）1956 年第 30 期和第 31 期。

《威廉·白拉克——革命的社会民主党的书商》

—*Wilhelm Bracke——Buchhändler der revolutionären Sozialdemokratie.*

载于《德国书报业行市报》（莱比锡出版）1959 年第 48 期。

《威廉·白拉克（1842—1880）》

—*Wilhelm Bracke*（*1842—1880*）.

载于《德国书商的生平和事业》1965 年莱比锡版。

亨利希·莱奥纳德：

《威廉·白拉克：生平和事业》〔为纪念他的五十周年忌辰（1930 年 4 月 27 日）而作〕1930 年不伦瑞克版。

—Heinrich Leonard: *Wilhelm Bracke. Leben und Wirken*. Gedenkschrift zum 50. Todestag am 27. April 1930. Braunschweig 1930.